Hallo!

Ich heiße Sylvain,
ich bin Franzose, und
wohne seit drei
Jahren in Berlin.

Ich bin glücklich.

Glücklich sein ist das Ziel meines Lebens.
Ich weiss es, weil ich einen Plan gemacht habe.

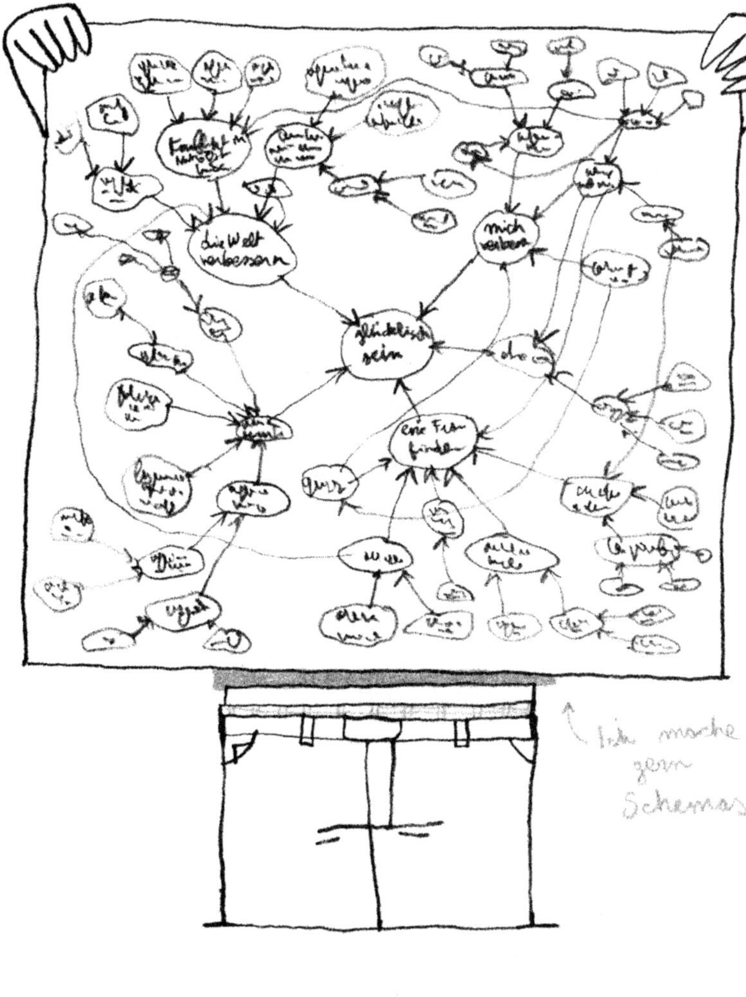
die Welt verbessern
mich verbessern
glücklich sein
eine Frau finden
Ich mache gern Schemas

Den Plan über das Glücklichsein findet ihr am Ende des Buches. Ich habe gedacht, es wäre schön, wenn ihr ihn in der Originalgröße sehen könnt.

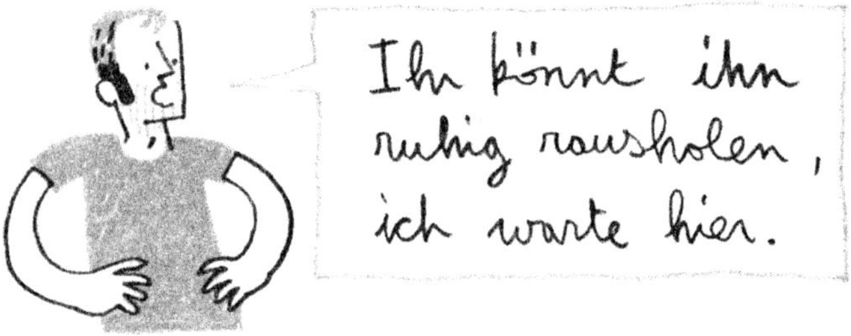

Das Schema funktioniert so: ihr nehmt eine Blase am Rand und fragt immer:

Folgt dem Pfeil um die Antwort zu kriegen, bis ihr zum Zentrum kommt: Glücklich sein.

Beispiel:

Arabisch lernen

↓

Den Konflikt in Nah-Ost besser verstehen zu können

↓

Den Konflikt in Nah-Ost zu lösen

↓

Die Welt zu verbessern

↓

Glücklich zu sein

Anderes Beispiel:

Jeden Tag einen Orangensaft trinken

Vitamine zu haben

Gesund zu sein

Schön zu sein

Eine Frau zu finden

~~Vögeln~~ Eine Familie zu gründen

Kinder zu haben

Glücklich zu sein

Alles…

… was ich in meinem Leben tue, hat als Endziel mein eigenes Glück. Ich glaube auch, dass es für jeden Menschen der Fall ist.

Gut, ich kann es nicht beweisen. Ich möchte aber nicht, dass ihr denkt, ich sehe die ganze Welt als voller egoistischer Menschen.

Man kann sein eigenes Glück finden,

wenn man anderen hilft.
Mahatma Gandhi hat, beim Weltverbesserungsversuch ...

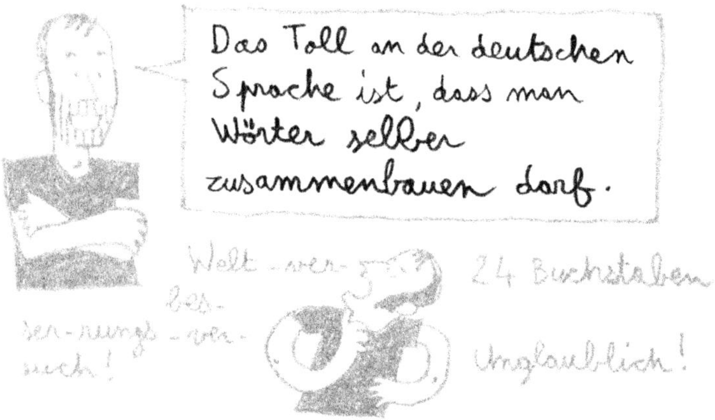

... versucht glücklich zu sein.
Adolf Hitler hat seineswegs, beim schöne-Landschaften-Malen versucht, glücklich zu sein.

Sein eigenes Glück zu suchen ist keine gute oder schlechte Sache, es ist einfach menschlich. Und Menschen versuchen es mit ganz unterschiedlichen Methoden bzw. Erfolg.

Also ich bin glücklich.
Und mit meinem Plan brauche ich nur reinzugucken um zu wissen was ich dafür machen muss.

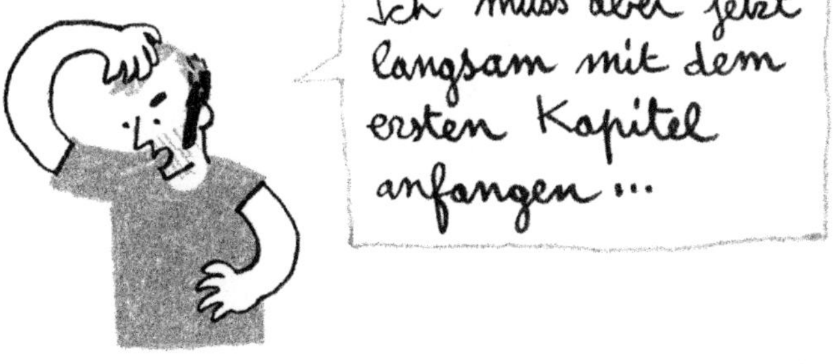

Gandhi war bestimmt ein glücklicher Mensch, oder?

Kapitel 1

Ich bin für meine Diplomarbeit in den Libanon geflogen, habe dort 3 Monate ~~gelebt~~ überlebt und ziemlich viel nachgedacht.

Was ist mir eigentlich wichtig? + Worüber mache ich meine Diplomarbeit? =

Worüber
Was ist mir
mache
eigentlich
ich meine
wichtig
Diplomarbeit?

Oder anders formuliert,

Dieses Buch sollte mir gesttaten den Konflikt in Nah-Ost zu lösen, mein Diplom zu kriegen und eine Frau zu finden

voilà.

Ich hoffe ihr seid nicht böse: ich bin kein organisierter Mensch und werde deshalb nicht drei Kapitel schreiben.

...

Wieso Libanon?

Hauptsächlich weil ich Arabisch lernen wollte.

um angeben zu können

Ich habe versucht ein Diplomthema zu finden bei dem es Sinn machen würde Arabisch zu lernen.

Ich habe ein Flugzeugticket für den Libanon gekauft und gedacht: wenn ich eine interessante Arbeit schaffen will, muss ich erstmal etwas interessantes erleben.

Wie zum Beispiel schöne Libanesinnen treffen.

Und statt für die Uni zu arbeiten habe ich sechs Monate Hocharabisch gelernt.

Es war schwer: ich konnte damals kein gerolltes "r" aussprechen.

Ich hatte auch keine besondere Beziehung zum Libanon.

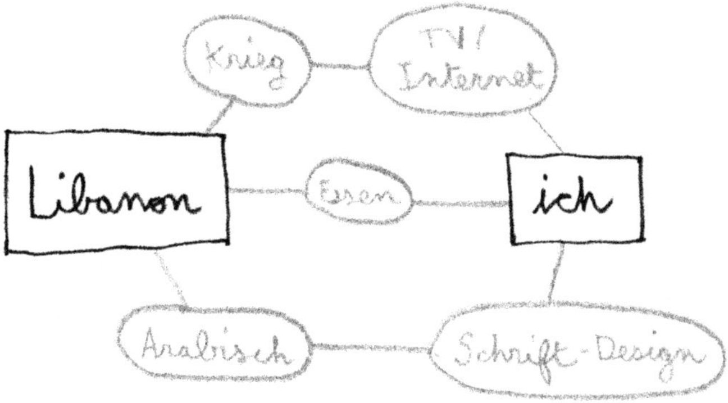

Und vor dem Krieg mit Israel 2006 hatte ich vom Nah-Ost Konflikt nie etwas gesehen oder gelesen, dass ich verstehen konnte. Es war mir einfach viel zu kompliziert.
Ich wusste nicht mal, ob Arafat ein Palästinenser oder ein Israeli war.
Aber ich fand es interessant zu sehen, wie schnell man Beziehungen zu einem Land aufbauen kann.

Es ging schnell:

Und plötzlich:

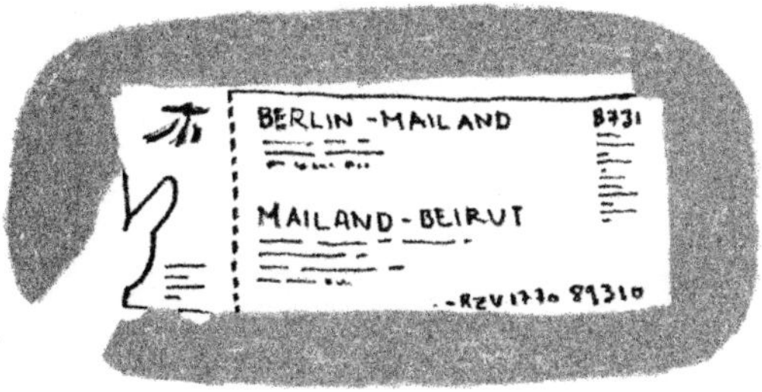

Da wurde mir auf einmal alles bewußt.

Und ich habe geweint.

Ich bin manchmal ein sehr
sensibler Mensch ...

Als ihr bestimmt geschlafen habt, am 2. März, 4 Uhr nachts, habe ich meinen Fuß auf libanesischen Boden gesetzt.

. . .

Fünf Minuten nachher konnte ich schon die weltberühmte-libanesische Gastfreundschaft genießen.

Ich habe etwa zwölf Stunden geschlafen ...

...

... und erst gegen 16 Uhr bin ich rausgegangen

I ♥ LIFE

BANK
ABC
CENTER
بنك لبناني

Mittelmeer

Kapitel 2

Irgendwann habe ich eine Pause gemacht, weil ich gern eine Skizze machen wollte. Ich habe also irgendein Gebaüde gezeichnet.

Es war aber leider nicht irgendeins.

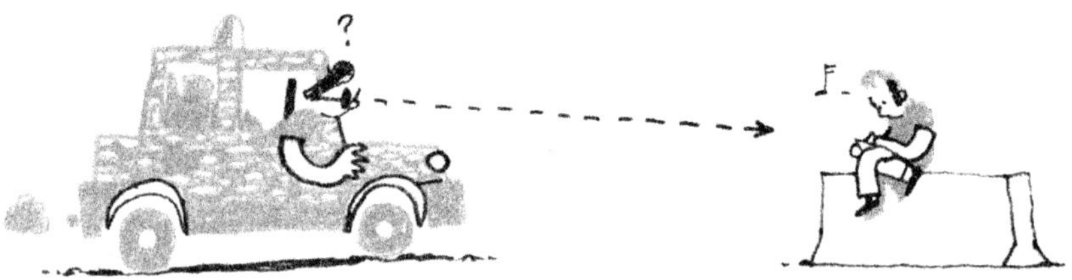

شو بتعمل هون ؟
أنا ... ööö,
ich ööö...
أنا من فرنسا.
Ich bin Franzose
ما فهمت هذا.
Ich habe nicht verstanden
بتحكي عربي ؟
أنت من وين ؟
شو بتعمل ؟

Nach einer Dreiviertelstunde "Diskussion" auf Französich - Englisch - Hocharabisch - Libanesisch hatte sich alles erledigt.

Aber mit dem ersten Skizzenverbot meines Lebens.

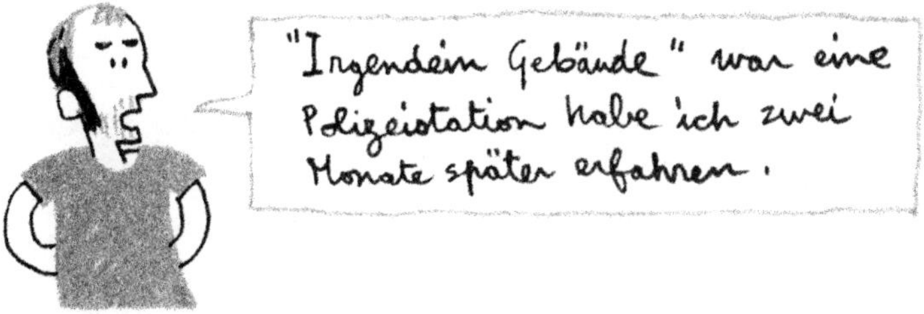

Glück im Unglück, wegen dem Skizzenverbot habe ich angefangen Erinerungs- bzw. Eindrucksskizzen zu machen.

...

Zeichnen ist toll.
Man kann entweder zeichnen was man weiß, oder was man sieht.

Zum Beispiel: eine Flasche.

Ich bin kein Flaschenspezialist, aber ich glaube, es gibt bei Flaschen zwei nützliche Charakteristiken:

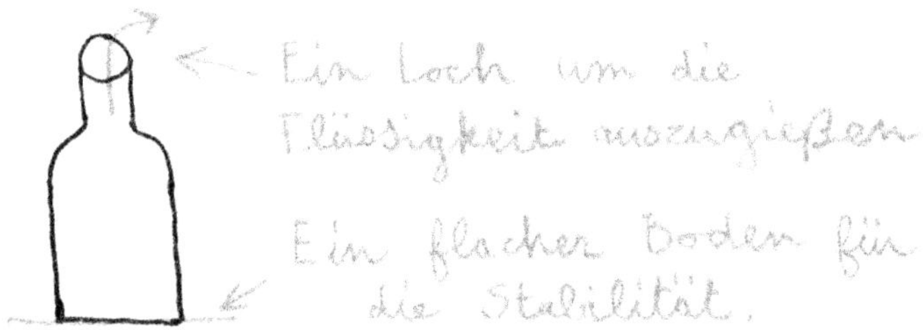

Wenn man die Flasche "realistisch" zeichnen will, muss man es aber so machen:

Na toll, so eine Flasche möchte ich nicht haben.

In einem Schaubild, habe ich versucht, Zeichnen mit anderen Kommunikationsmitteln zu vergleichen.

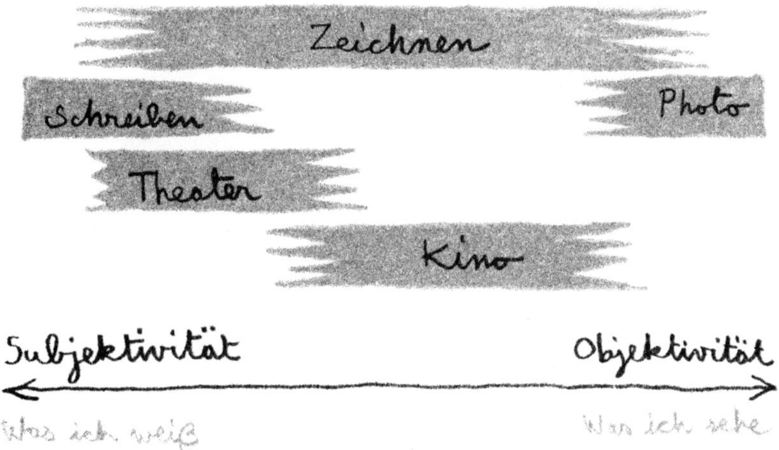

In Libanon habe ich viel darüber nachgedacht.
Ich wollte etwas über die Geschichte Libanons lesen und habe mir ein Buch besorgt.

Libanesische Geschichte ist urkompliziert und wird viel diskutiert.

Kinder im Libanon lernen nicht die Geschichte des Bürgerkriegs, weil Libanesen sich nicht einigen können, was passiert ist.
Als Caroline gesehen hat, dass ich dabei war dieses Buch zu lesen, hat sie mir gesagt:

Ich war Caroline dankbar diese zusätzliche Information zu bekommen, aber,

ich war mit meinem Buch immer zufrieden.
Ich wollte nicht etwas objektives lesen, ich brauchte nur zu wissen dass es ein Teil der Realität ist.

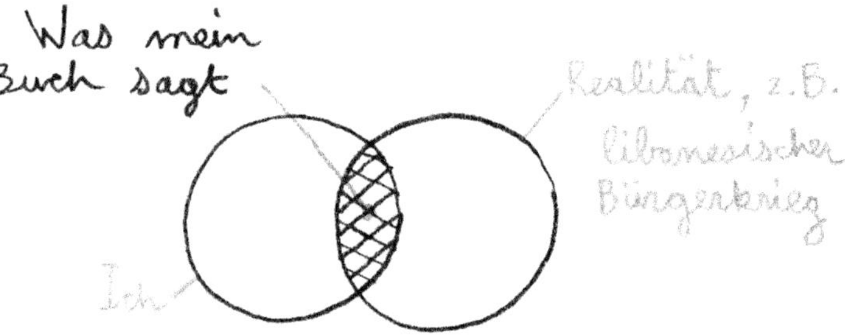

Wenn ich mir dessen bewusst bin, werde ich nie sagen:

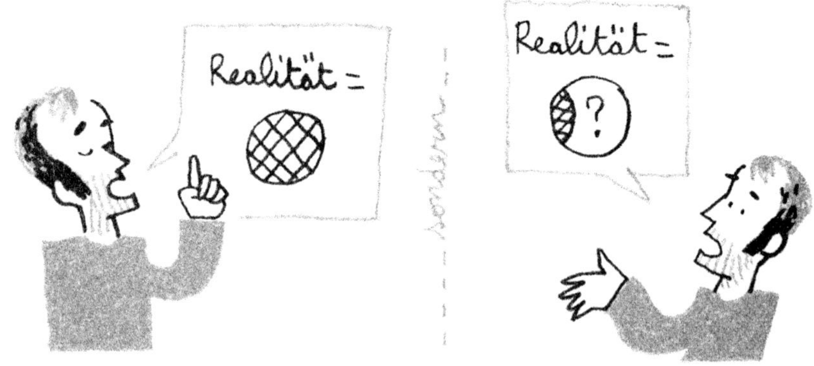

Dann habe ich das Cover meines Buches angeguckt und habe den Titel erst mit Aufmerksamkeit gelesen.

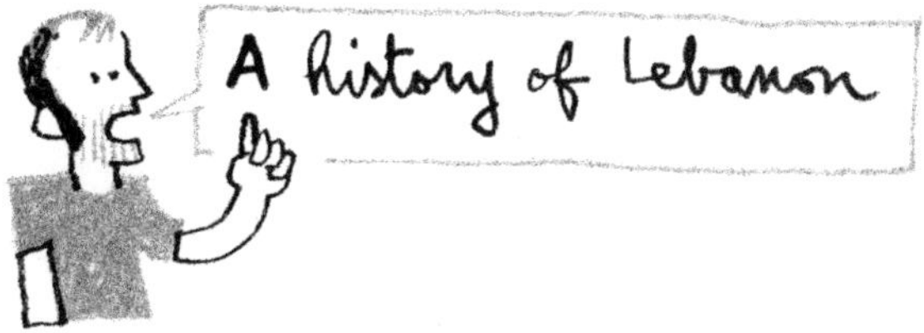

Also nicht:

Sondern:

Dieser einzelne Buchstabe hat den ganzen Unterschied gemacht zwischen einem pseudo-objektiven Buch und einem ehrlichen subjektiven Buch.

Nimm, das interessiert dich bestimmt.
The curious incident of the dog in the night-time (M. Haddon)
» three men are on a train. One is economist, one is logician and one is mathematician.
They have just crossed the border into Scotland and they see a brown cow standing in a field from the window of the train (and the cow is standing parallel to the train).
And the economist says: "look, the cows in Scotland are brown".
And the logician says: "No, there are cows in Scotland of which one

at least is brown". And the mathematician says: "No, there is at least one cow in Scotland of which one side appears to be brown". And it is funny because economists are not real scientists, and because logicians think more clearly, but mathematicians are best. «
Ich habe noch ein Diagramm gemacht

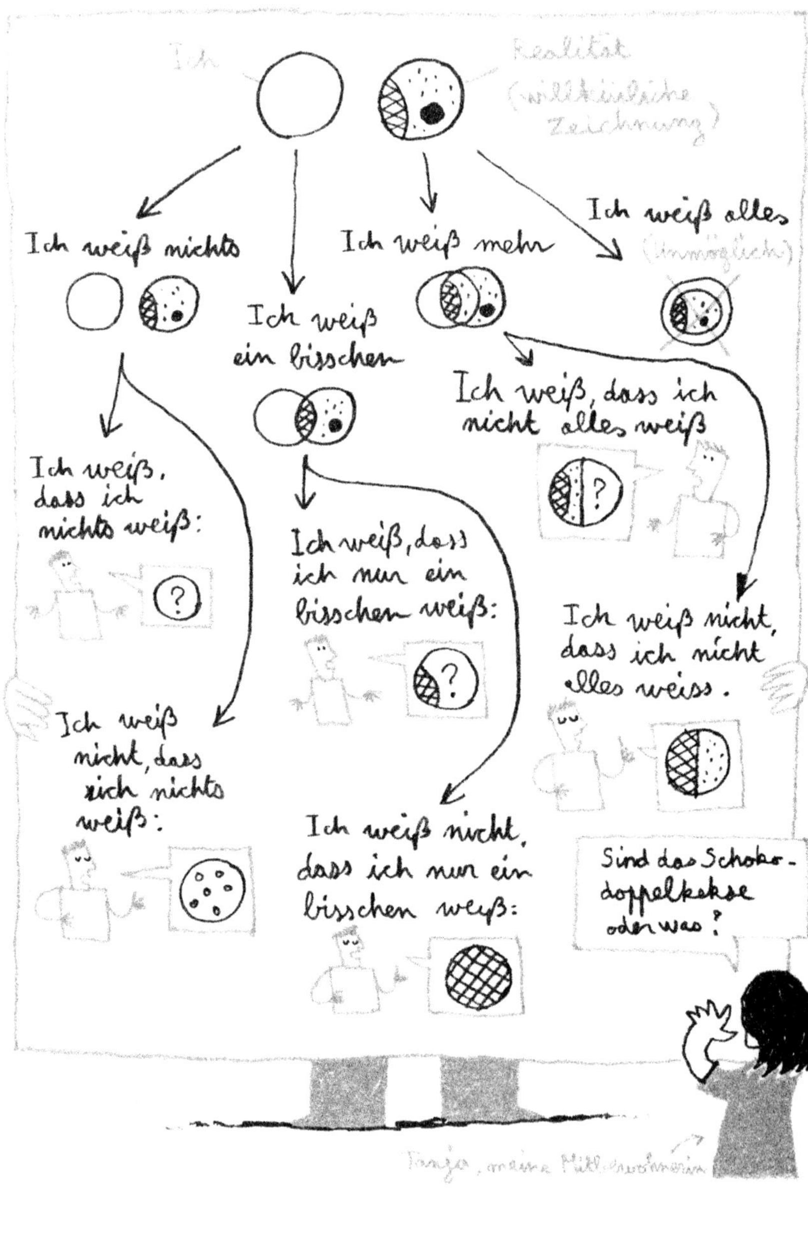
Ich
Realität (willkürliche Zeichnung)
Ich weiß nichts
Ich weiß ein bisschen
Ich weiß mehr
Ich weiß alles (unmöglich)
Ich weiß, dass ich nicht alles weiß
Ich weiß, dass ich nichts weiß:
?
Ich weiß, dass ich nur ein bisschen weiß:
?
?
Ich weiß nicht, dass ich nicht alles weiss.
Ich weiß nicht, dass ich nichts weiß:
Ich weiß nicht, dass ich nur ein bisschen weiß:
Sind das Schoko-doppelkekse oder was?
Tanja, meine Mitbewohnerin

Es ist natürlich gut mehr zu wissen,

wichtiger ist sich seiner Unkenntniss bewusst zu sein.

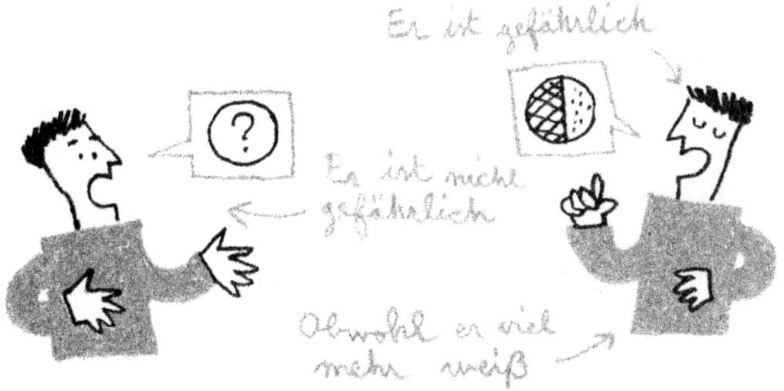

Das soll kein Grund werden, nicht mehr zu lernen.
Ich habe mir also in Beirut einen Bibliotheksausweis besorgt.

Es kostet 20 $ pro Monat
Kann ich damit Bücher ausleihen?
Nein, nur hier lesen.
Habt ihr am Wochenende geöffnet?
Nein.
Kann ich gleich bezahlen?
Nein, Sie müssen zu Frau Khoury gehen, Büro 324, aber sie macht gerade Mittagspause. Sie kommt um 15:00 wieder.

Da habe ich wie oft danach mich gefreut, in Frankreich geboren worden zu sein, und in Europa studieren zu dürfen.

Ich weich.. ööö...
...isch weiß nischt nicht dass isch ich niesst weiß
Manchmal ist Arabisch einfacher.

Kapitel 3

Ich wollte im Libanon etwas interessantes erleben und, so gut wie möglich, versuchen die Welt zu verbessern.

Von Deutschland aus habe ich den Chef einer N.G.O. kontaktiert. Die N.G.O. heißt "فرح العطاء", "Offre Joie" auf französisch, also "Freude beim Geben". Es klingt weniger naiv auf arabisch, ist aber schwieriger auszusprechen.

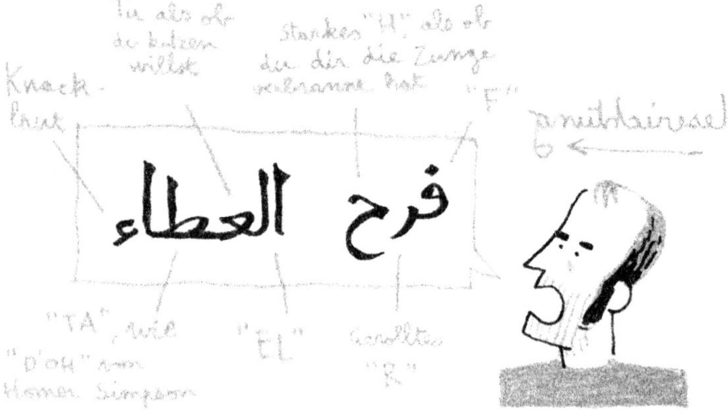

Melhem, der Chef, hat gleich zugesagt.

Offréjoie ist eine tolle Organisation. Sie arbeitet seit 20 Jahren für den interreligiösen Dialog, organisiert Renovierungsfreizeiten mit Kindern und Jugendtlichen jeder Herkunft, macht Demos und verschiedene Veranstaltungen für den Frieden. Viele Freiwillige machen die Organisation lebendig, wie der estrem nette Julien.

OffreJoie hat nur ein Problem :
es ist eine...

Und trotz einem sehr guten Fremdsprachenniveau weiß kein Libanese was "Organisation" bedeutet.

Beispiel Nr. 1, Straßenverkehr:

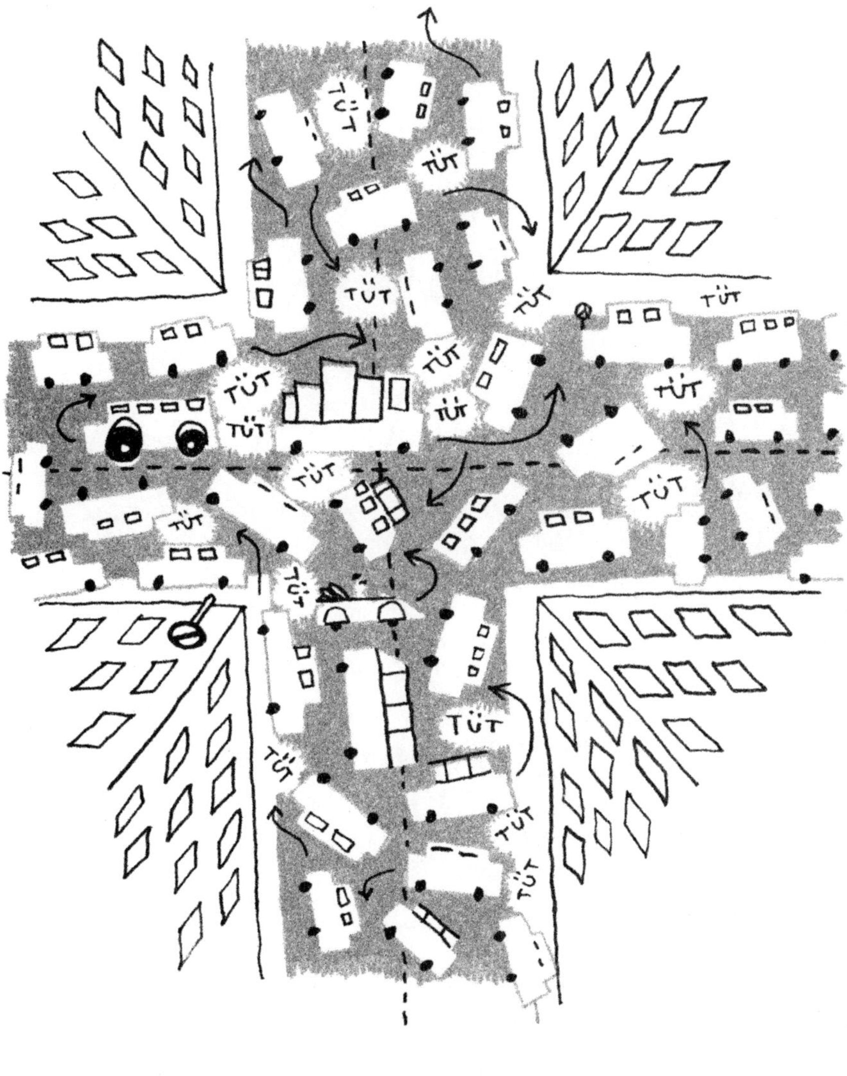

Beispiel Nr. 2, Organisationsstruktur:

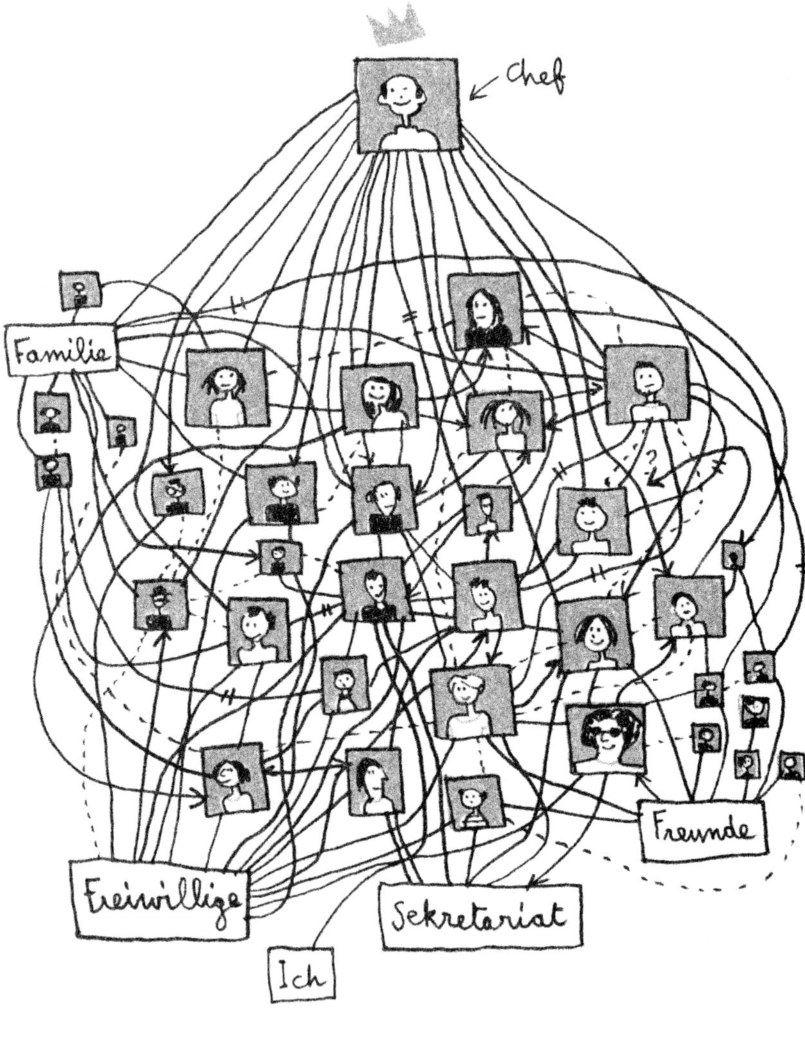

Beispiel Nr. 3, Zeitplan:

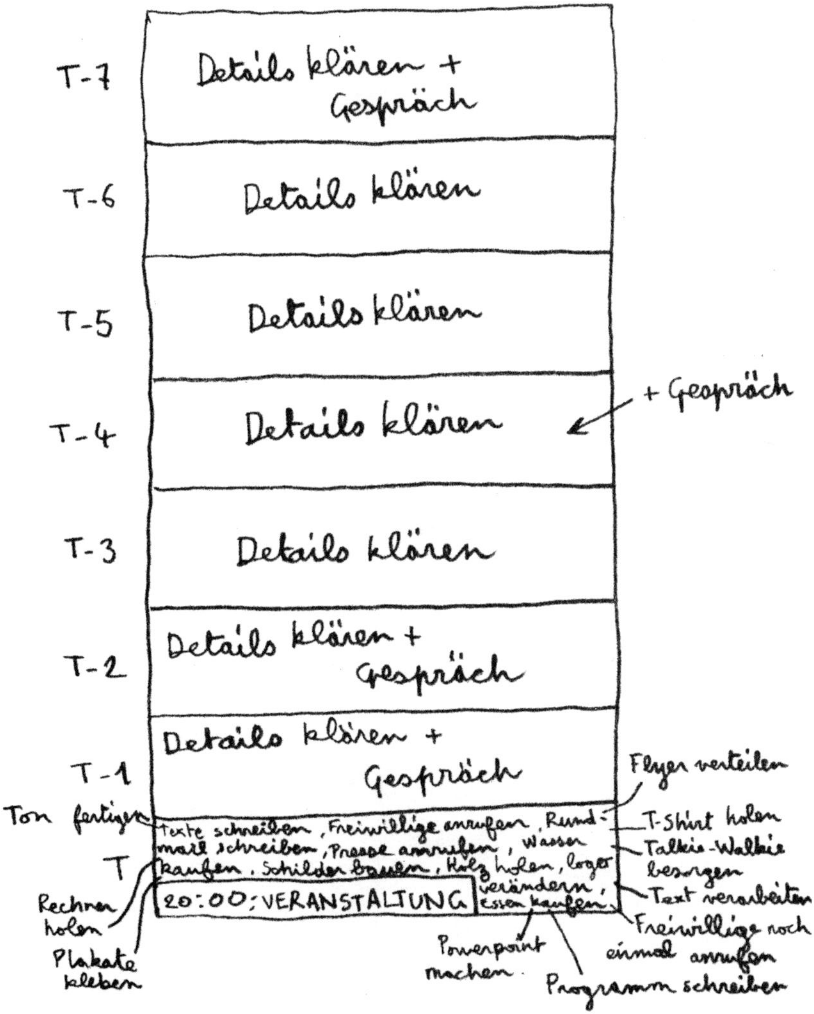

Also du kannst auch Webseiten machen? Und Plakate? Und Flyer? Das ist ja Toll! Ich glaube du fährst gar nicht nach Kfifane. Wir brauchen dich hier!
Hast du deinen Laptop dabei?
Ööh, nein. Ich dachte ich würde mit Kinder Wandmalerei machen
...
Die Libanesen, sie müssen lernen was Organisation bedeutet!
Das sag' ich dir
Marcel, mein super Freund aus Spanien. Ich habe ihm zufälligerweise in Beirut kennen gelernt.

Ich war mit Marcel nicht wirklich einverstanden.
Komischerweise habe ich in Beirut kaum Unfälle gesehen, und trotz dem Durcheinander hat Offrejoie immer seine Projekte geschafft.

Jetzt wo du zeichnen kannst, solltest du zur Philosophie wechseln.
R. Pierre, mein ehemaliger Kunstlehrer, Feb. 2000

Kapitel 4

In Frankreich benutzt man gern das Adjektiv "quadratisch" um die Deutschen zu charakterisieren. Jeder kann verstehen, was diese Form darstellt.

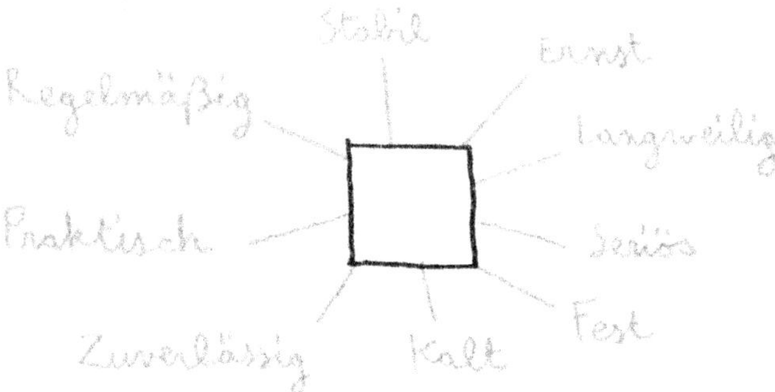

Aus dem Libanon betrachtet, gibt es keine Unterschiede mehr.

Europäer sind Quadrate.

Straßenverkehr →

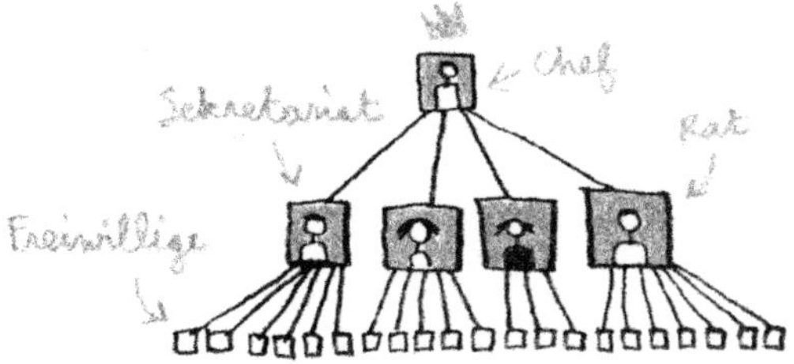

← Organisationsstruktur

Zeitplan ↓

T-6	Ideen + Planung	T-2	Gruppenarbeit
T-5	Verteilung der Arbeit	T-1	Abschlussgespräch + Details klären
T-4	Gruppenarbeit	T	Veranstaltung
T-3	Zwischengespräch	T+1	Zusammenfassung

Aber wenn wir, Europäer, Quadrate sind, welche Form könnte die Libaneser darstellen?

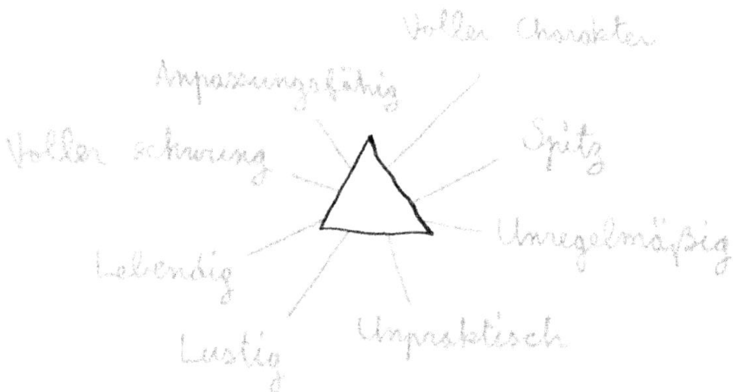

ACHTUNG!

Beide Forme haben...

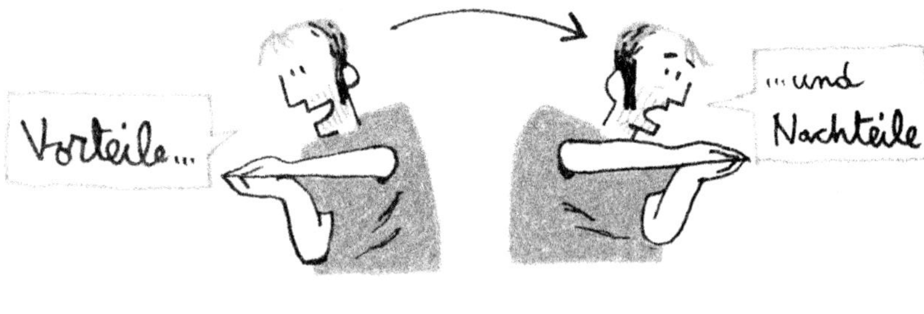

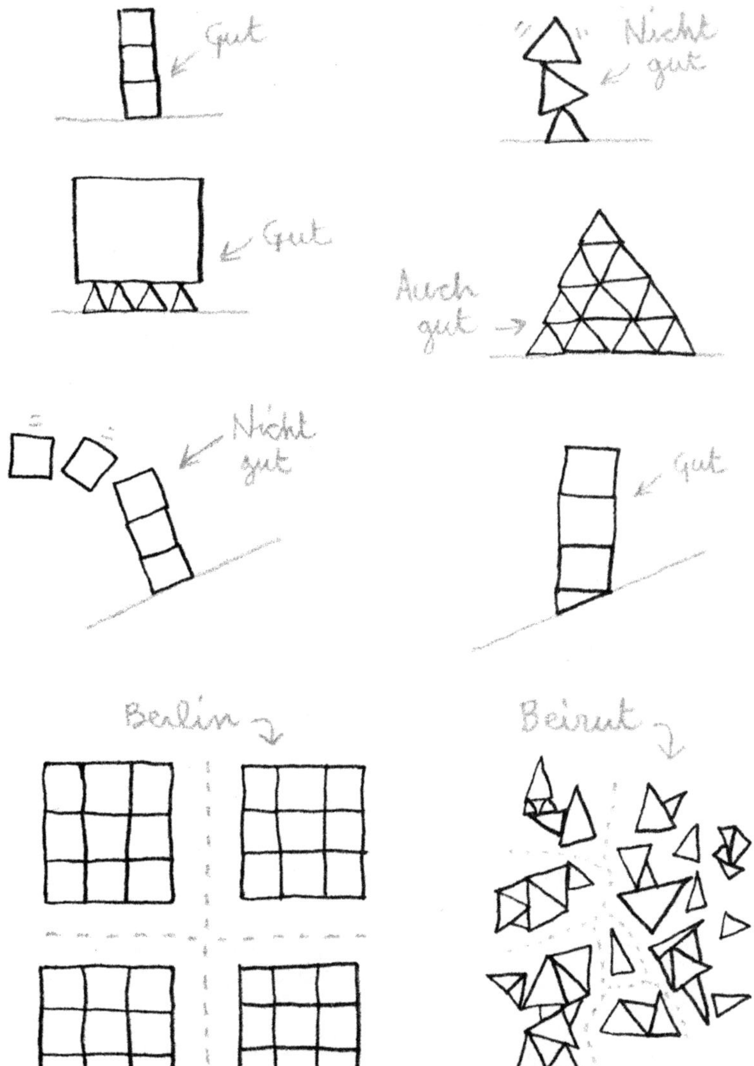
Gut
Nicht gut
Gut
Auch Nicht gut
Nicht gut
Gut
Berlin
Beirut

Spazieren gehen in Beirut ist etwas gefährlich macht aber total Spaß.

In Berlin ist es sicherer, aber man
kann beim Laufen einschlafen.

☐ in Gestaltung

△ in Gestaltung

Unlesbar
Warm
Lustig
Menschlich

Nervig
Anstrengend

النّطق العربي
صعب

Schön
Dekorativ
Unpraktisch

Charaktervoll
Unhörbar
Interessant

Schön
Teuer
Offen
Fragil
Unpraktisch
Lustig
Menschlich

Menschen haben allerdings schon lange Quadrate und Dreiecke auf eine clevere Weise kombiniert.

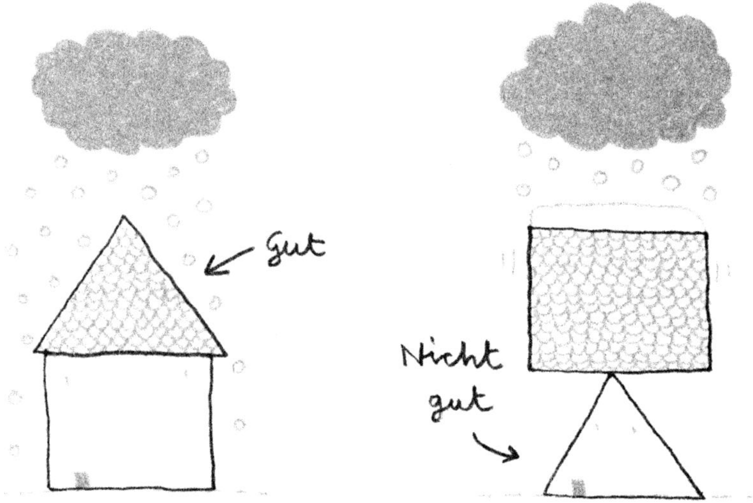

In der Architektur sowie jeder Art von Gestaltung.

in Gestaltung

Manche es haben noch nicht ganz kopiert.

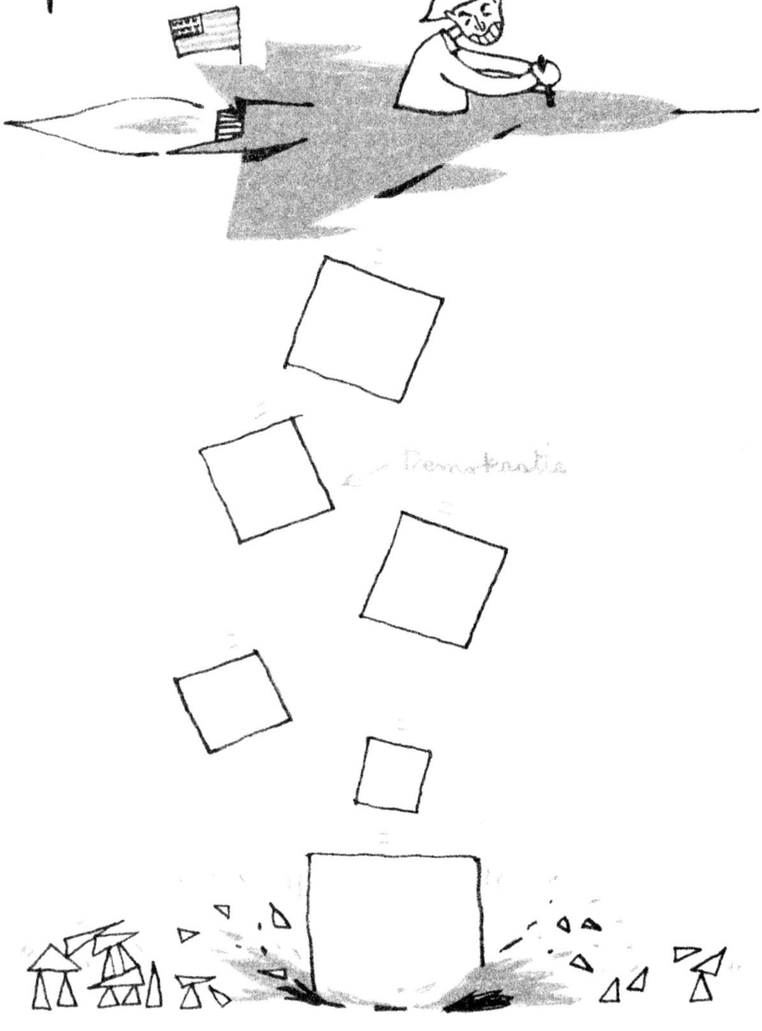

Ja ja, und mit deinen □ und △ willst du Frieden auf der Welt schaffen, oder was?

Gehen wir jetzt tanzen?

Yalla!

Kapitel 5

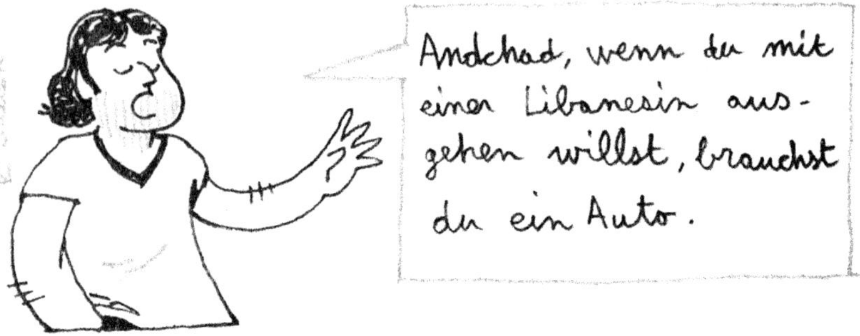

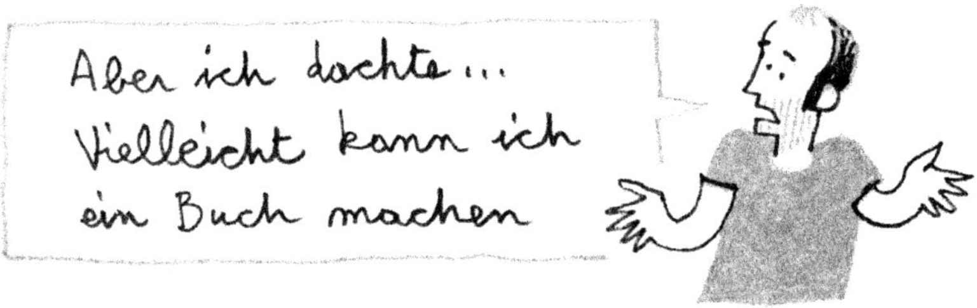

Ich wollte Julien nicht glauben, aber entweder hat er Recht gehabt, oder ich habe was anderes falsch gemacht.

Man muß dazu sagen, dass es zwischen Deutschland und Libanon kleine kulturelle Unterschiede gibt.
Es gibt nämlich zwei "Sorten" von Libanesinnen.

A: Wohnt bei ihren Eltern
B: Verheiratet

Wenn ihr – wie ich – nichts über dem Libanon wusstet, seid ihr vielleicht überrascht zu sehen, wie chic Libanesinnen sein können.

Die Hälfte der Libanesinnen sind Christen und zeigen es gern.

Die andere Hälfte sind meistens Muslime und können mit ihren Kopftüchern ihre Schönheit nicht verdecken.

...

Es ist mir wichtig schöne Libanesinnen zu zeigen weil ~~ich damit viel mehr Bücher verkaufen kan~~ uns das meistens vom Libanon nicht gezeigt wird.

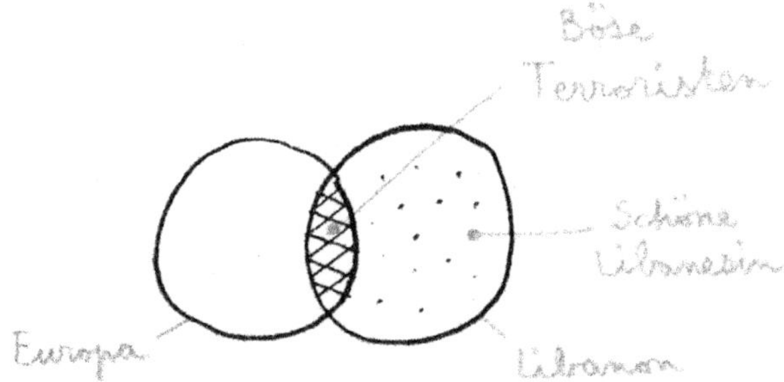

...

Eines Tages habe ich zufällig Caroline in einer Kneipe getroffen.

Das Stück war auf libanesisch. Ich konnte also nicht viel verstehen, aber einige Tage später hatte ich die Nummer von Clara.

Ich mag ~~Clara~~ Theater.
Es ist wie bei Zeichnungen:
es wird uns nicht alles gezeigt,
sondern nur was uns interessiert.

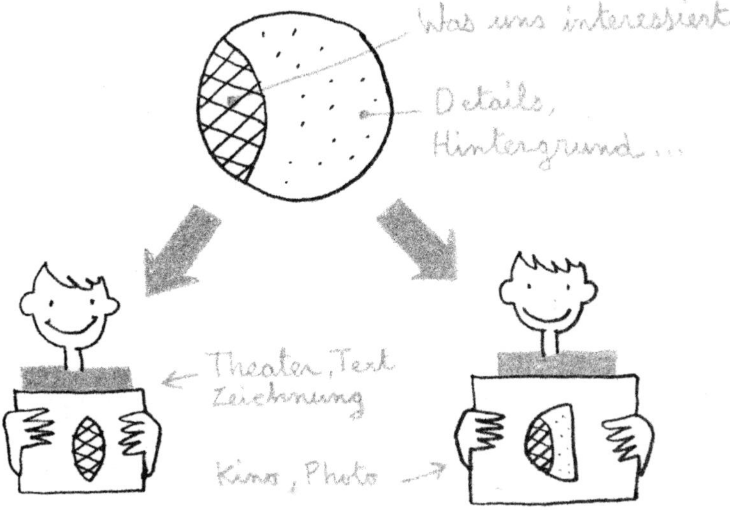

Wenn man Text, Zeichnung, Photo, usw.
als Nachrichtenmittel benutzt, ist
dieser Unterschied ganz wichtig.

Früher wurden Nachrichten in Zeitungen gelesen.
Man hat aufgepasst: jeder kann schreiben was er will, das weiss man
Jetzt sind Nachrichten voller Photos und Videos. Man kriegt daher ein viel größeres Realitätsgefühl.

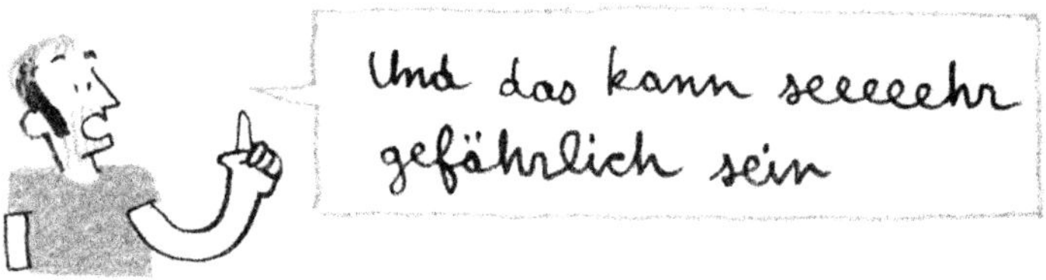

Weil man mit Photos und Videos genauso viel Quatsch erzählen kann wie ich mit meinen Zeichnungen.

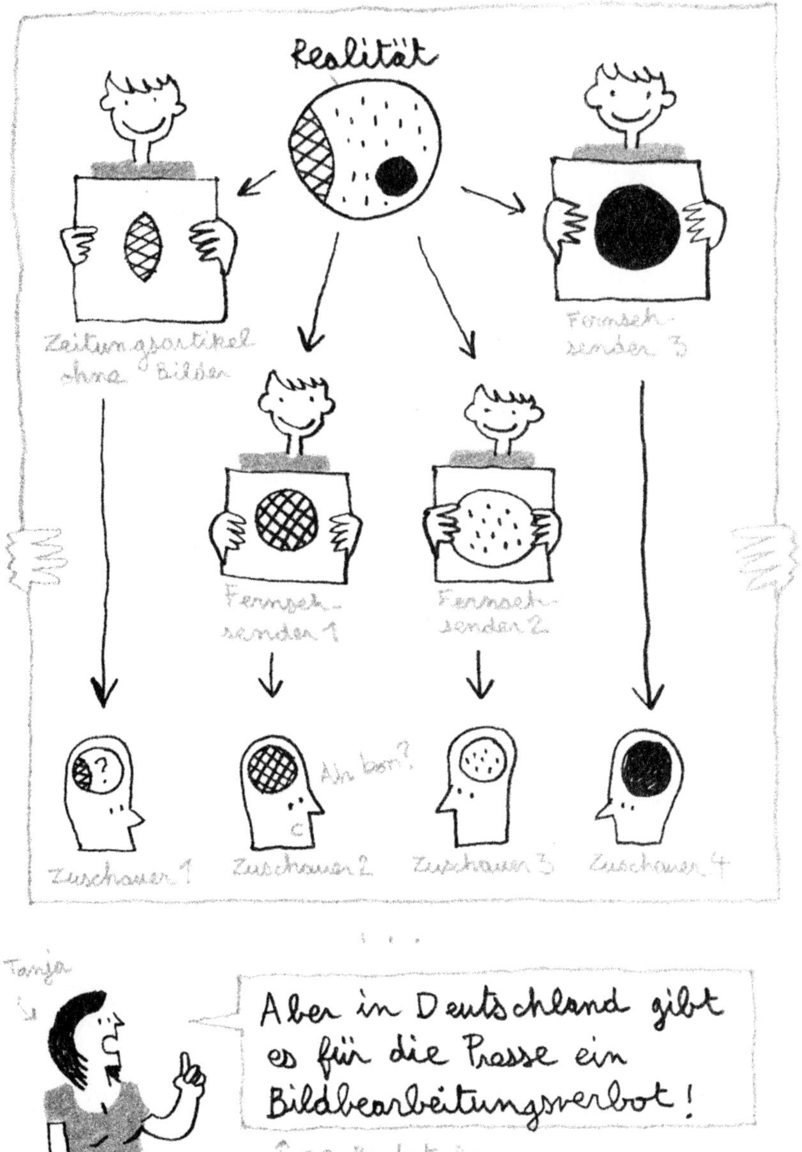

Realität
Zeitungsartikel ohne Bilder
Fernsehsender 3
Fernsehsender 1
Fernsehsender 2
?
Ah bon?
Zuschauer 1
Zuschauer 2
Zuschauer 3
Zuschauer 4
...
Tanja
Aber in Deutschland gibt es für die Presse ein Bildbearbeitungsverbot!
22 Buchstaben

Das ist ja noch schlimmer! Damit denkt man, dass Bilder objektiv und zuverlässig sind.

Besser wäre es die Zuschauer darüber aufzuklären, dass sie nur einen Teil der Realität sehen ...

... und sie zu überzeugen, mehr Informationsquellen zu nutzen.

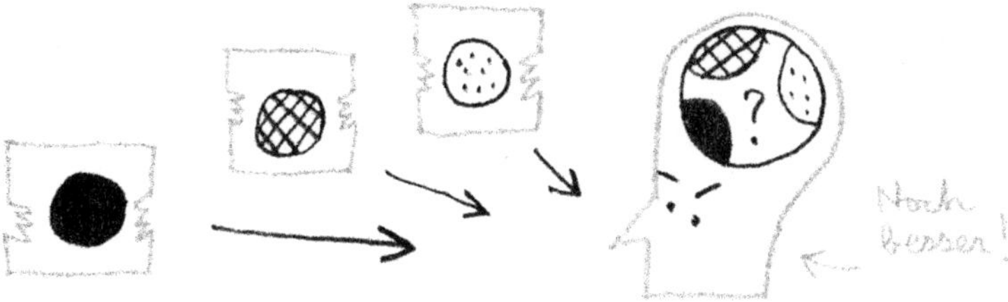

...

Ja, ich weiß. Es bedeutet Millionen Menschen zu erziehen. Und wer soll das machen? Politiker vielleicht?

Diese behandeln das Volk indem sie ihm nur Vergnügen zu machen suchen, ob es schlechter oder besser wird, darum kümmern sie sich nicht.

Grafik Designer?
Ich?
Na gut.
Aber du kannst nicht Millionen Menschen verändern!
Da hast du Recht: es klingt unmöglich...

... wie vergleichsweise Millionen Menschen zu überzeugen, dass sie Lust auf einen Big Mac haben, oder dass es Massenvernichtungswaffen im Irak gibt, ~~oder dass Israel eine Demokratie ist.~~

Für nur 10 $ kann man ein Auto mieten
Ich brauche ein Auto!

Kapitel 6

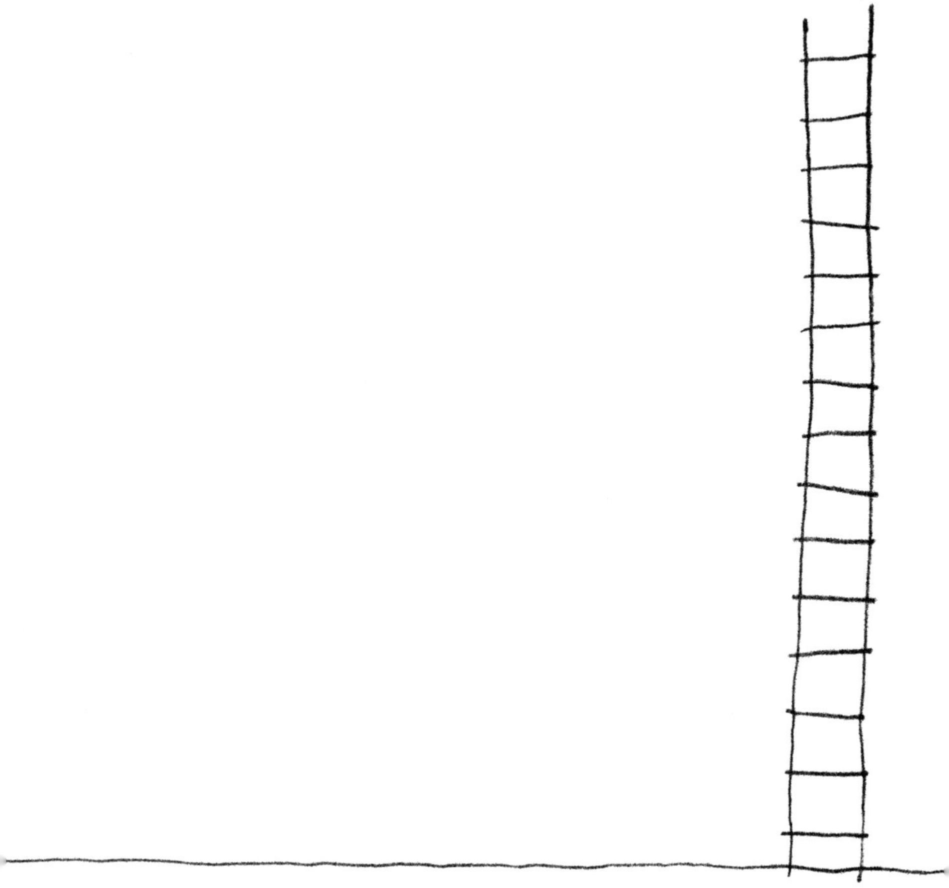

Ich will die Welt verbes-sern
rauchst du
inen Pinsel ?
Nein danke.
Ich habe schon einen Bleistift.

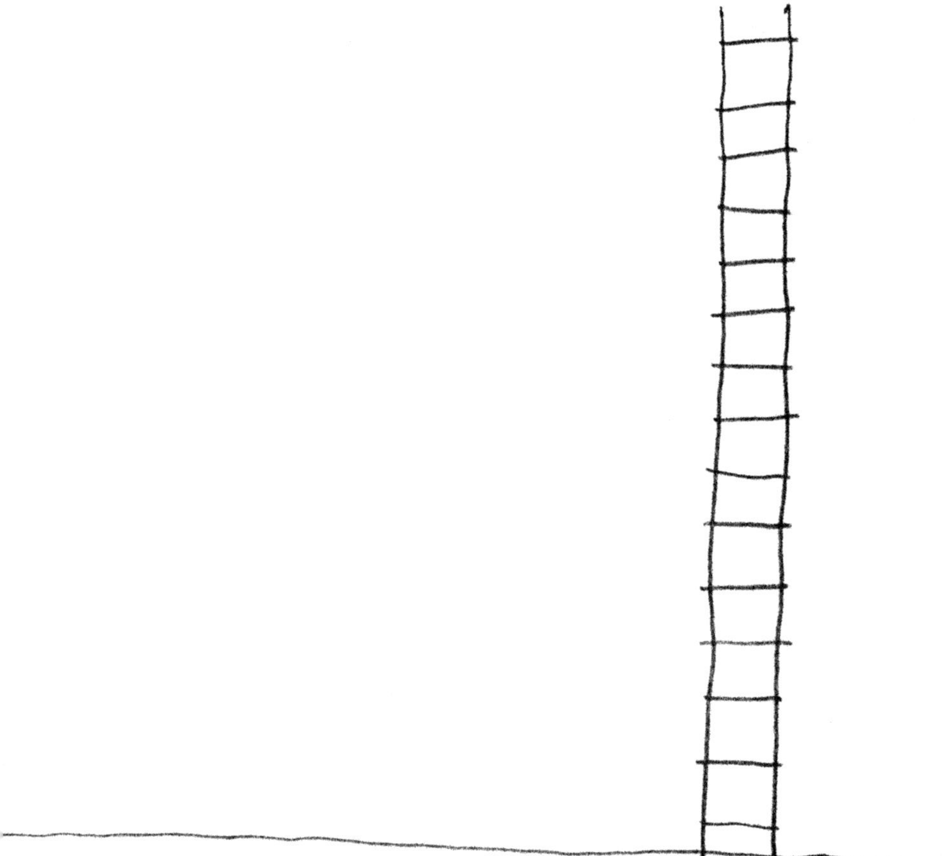

Ich will die Welt verbes-sern.
..s kann noch
..ange dauern ...

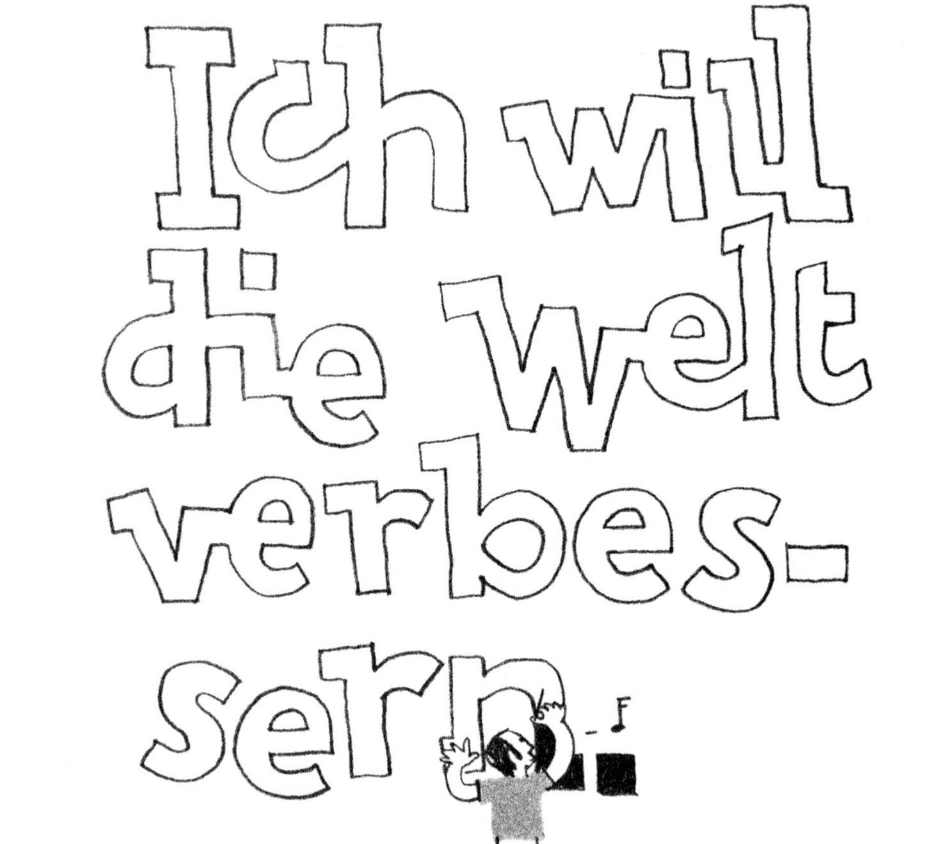
Ich will
die welt
verbes-
sern.

Am liebsten, möchte ich mit Frieden auf der Welt anfangen.

Marcel hat bei der U.N.O. in Genf ein Praktikum gemacht.

Seitdem ist er etwas pessimistisch geworden.

Ich bin aber kein Politiker und möchte nicht in der U.N.O. arbeiten.

Ich bin Grafiker und habe daher andere Arbeitsmethoden.

Wenn ich Politikwissenschaft studiert hätte, dann könnte meine Diplomarbeit so aussehen:

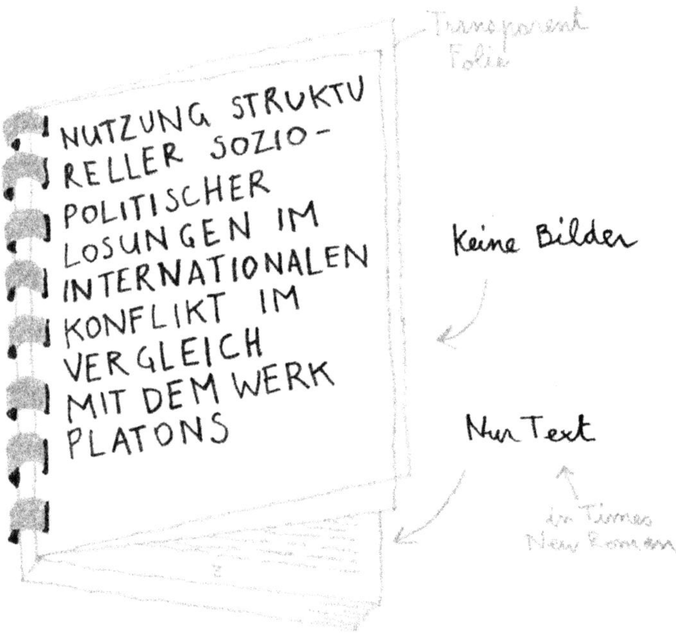

Es wäre voll mit intelligenten Sachen und komplitzierten Wörtern.
Es hätte nur die Leute interessiert,

die sich mit diesem Thema schon beschäftigen, und die, die die komplitzierten Wörter kennen.

Die die die?

Ich möchte mehr Leute erreichen.

Dafür versuche ich Form und Inhalt

anders zu denken.

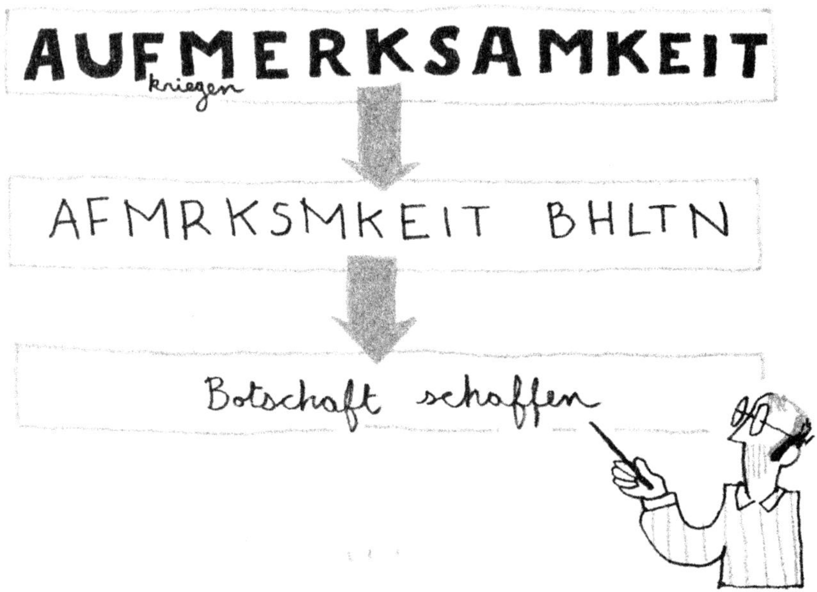

Eines Tages ist mir etwas lustiges passiert.
Ich wollte auf die Webseite "www.billiger-telefonieren.de".
Ich habe mich vertippt und habe "biliger" eingegeben.
Da bin ich auf einer Seite gelandet mit sexy Frauen in Bikini.

Da ich ein menschliches Wesen bin, habe ich weiter geguckt, und rausgefunden, dass es eine Künstliche-pflanzenverkaufwebseite war.

33 Buchstaben

Ich habe den "Aufmerksamkeit-kriegen-Aufmerksamkeit behalten-Botschaft-schaffen-Prozess" sehr interessant gefunden.

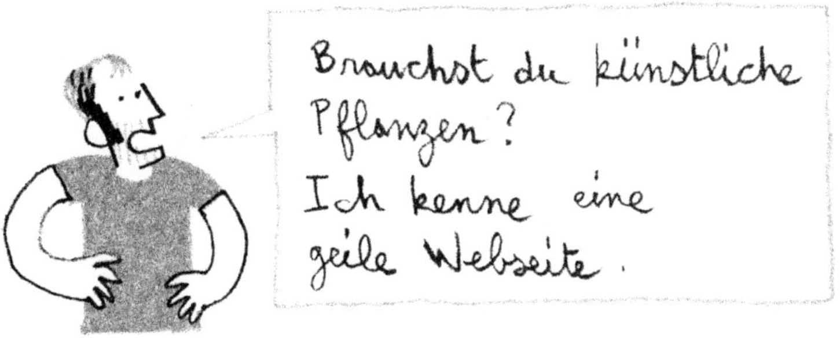

Also es fonktioniert.

Beim Weltverbesserungsversuch kenne ich nicht so viele Leute die so denken.

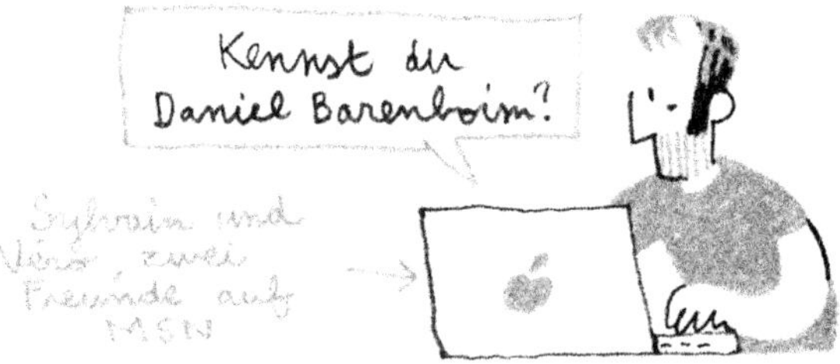

Daniel Barenböim und Edward Saïd haben etwas ganz tolles geschaffen: Ein Orchester mit Jugendtlichen aus verschiedenen Nah-Ost Ländern, inklusive Israelis und Palästinensern. Sie machen wunderschöne Musik, Diskutieren, und zeigen dass sie zusammen etwas konstruktives machen können,

Es interessiert nicht nur die, die sich für den Nah-Ost Konflikt interessieren, sondern auch die, die sich für Klassische Musik interessieren.

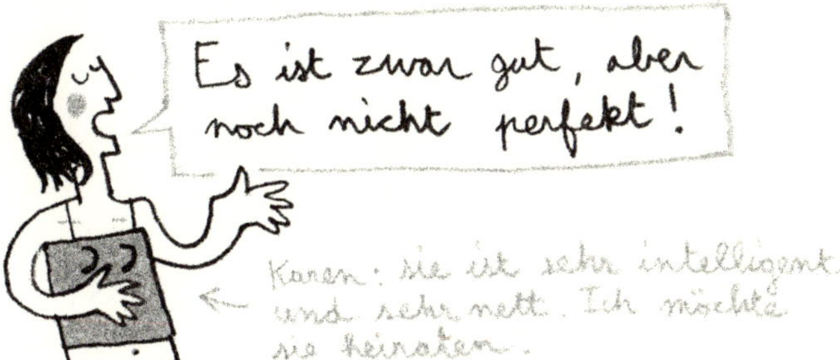

Perfekt wäre es die ganze Welt zu interessieren.

Ich mache erst ein Schema. Damit kann man es ganz gut visualisieren.

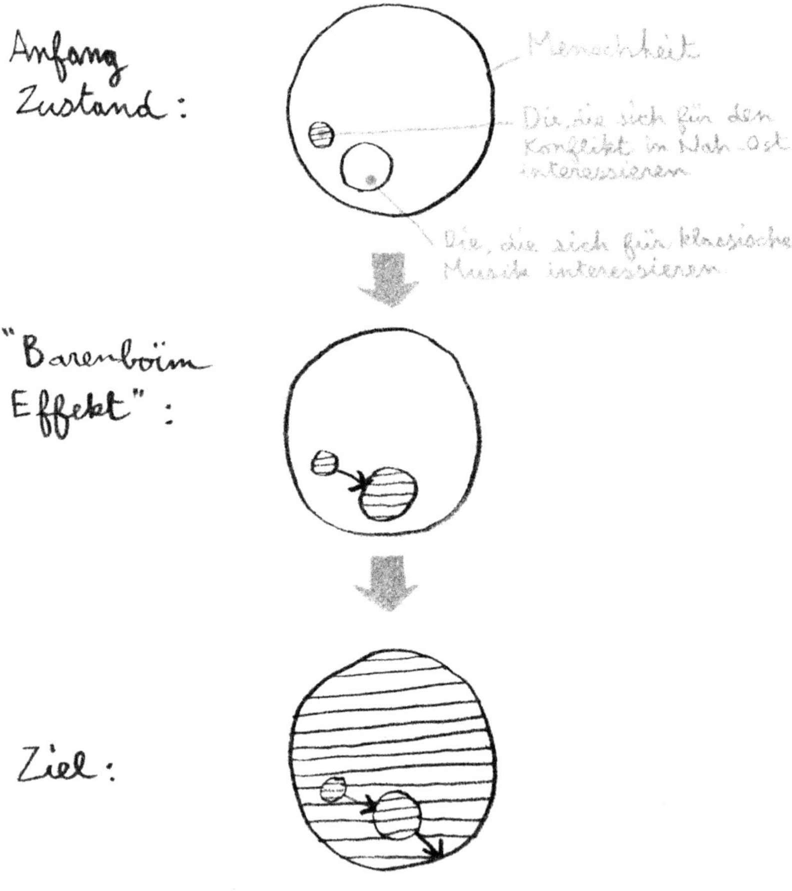

Es ist nicht einfach, aber manche Leute wissen genau wie es geht. Sie haben Marketing studiert, arbeiten für B.M.W und Mc Donald's. Sie benutzen Humor, Provocation,

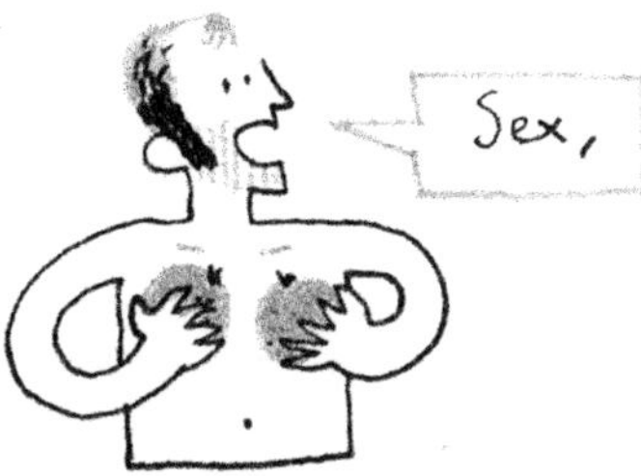

... um Leute aufmerksam auf etwas zu machen.

...

Aber komischerweise dürfen solche Mittel nur die benutzen, die Autos verkaufen.

Nicht die, die Frieden auf der Welt schaffen wollen.

Kapitel 7

(Nur für die, die die sechs
anderen Kapitel gelesen haben.)

Achtung:

Ich möchte meine Meinung zum Nah-Ost Konflikt abgeben.
FALLS IHR DAS KAPITEL 5 SCHON VERGESSEN SOLLTET
möchte ich nochmal darauf hinweisen dass ich Franzose bin, drei Monate in Libanon und nie in Israel war.
Meine Ansicht ist daher:

 subjektiv und  unvollkommen.

Ich darf trotzdem meine Meinung sagen.
Selbst wenn man noch
"Alles Wissen" und Objektivität sucht,
muss man damit rechnen, dass Menschen...
Weil wir Menschen sind,
...mehr oder weniger ? sind.
Eine Nation ist eine Gruppe von Menschen, die durch ein gemeinsam irrtümliche Wahrnehmung der Geschichte und Hass auf ihre Nachbarn vereinigt sind.
Ernest Renan, approximative zitiert und übersetzt.

Die Palästinenser im Libanon haben
Pech gehabt.
Seit 1948 die "einzige Demokratie in
Nah-Ost" gegründet wurde, dürfen sie
nicht nach Palästina zurück.
Sie dürfen, außer für die UNRWA
(UNO Abteilung) nicht Lehrer,
Architekt und andere interessante
Beruf ausüben; sie wohnen in
Flüchtlingslagern oder in begrenzten
Stadtteilen wo sie kaum bauen dürfen.
Sie haben keinen libanesischen Pass
und werden in die libanesische
Gesellschaft sehr schlecht integriert.
Die Libanesen wollen sie nicht integrieren,
weil sie mit ihrer "Art-von-Demokratie"
viele Probleme haben und es würde
die Sache noch komplitzierter machen.

Die Palästinenser wollen es auch nicht, weil sie keine Libanesen sind sondern Palästinenser und deshalb in ihr Land zurück wollen.

Das Problem palästinensischer Flüchtlinge ist unwichtig, so der Oslo-Friedensprozess.

Dieses Problem kann erst dann diskutiert werden, wenn andere Probleme gelöst worden sind.

Man sollte erst an die Menschen denken
Palästinensischen Flüchtllingen ein Land "finden"
Konflikt in Nah-Ost auflösen
Frieden auf der Welt schaffen
Bravo!
SYLVAIN FOR PRESIDENT!

Palästinenser sind Menschen.

Sie versuchen glücklich zu sein.

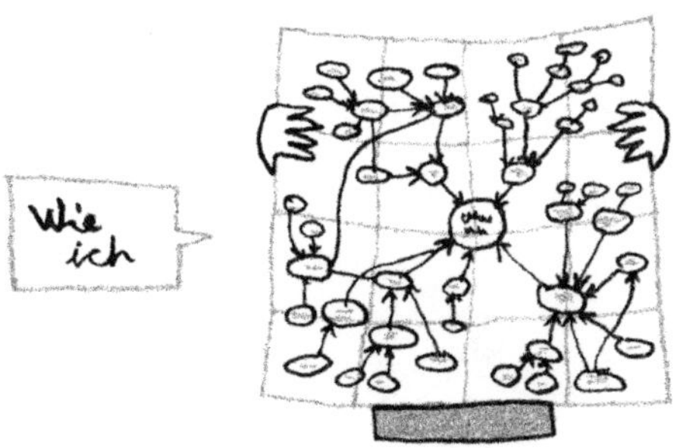

Um weiter überlegen zu können, habe ich mein Glücksschema vereinfacht:

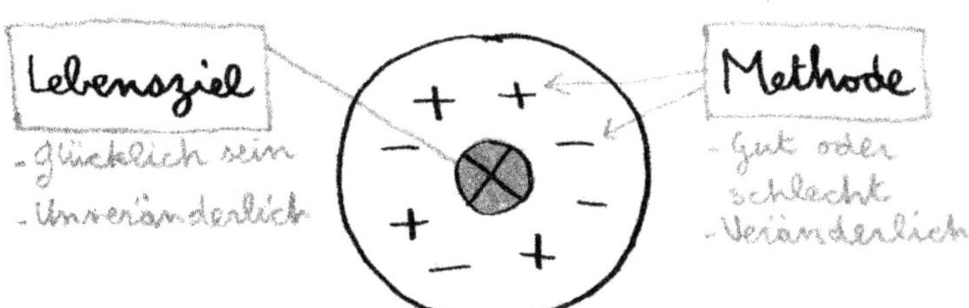

Mit diesem Schema kann man den Mensch auf verschiedene Weise betrachten.

Beispiel 1, wie in Walt Disney Filmen:

Der Gute sieht nicht was das Ziel des Lebens seines Feindes ist, sondern nur seine Taten, und denkt:

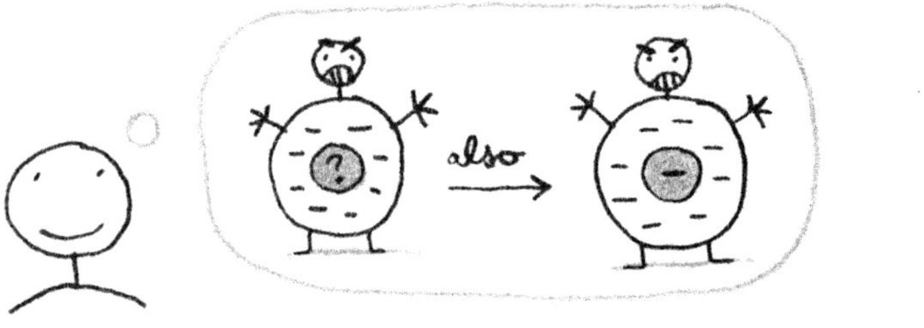

Der Böse ist also grundsätzlich böse. Da gibt es jetzt nur eine Lösung:

Beispiel 2, wie in "Kirikou et la Sorcière", die Trickfilmversion eines afrikanischen Märchens.
Kirikou, der gerade geborene Held, versucht zu verstehen, wieso Karaba (die böse Hexe) böse ist.

Er findet raus, dass sie große Probleme hat, und hilft Karaba ihre Probleme zu lösen.

Karaba wird eine nette Frau.

Wie Kirikou glaube ich nicht, dass es schlechte Menschen gibt.

Oder Menschen, die gut geboren sind.

Sondern nur Menschen, die glücklich sein wollen.

Ich bin sicher, dass man sich verbessern kann.

Und anderen Menschen helfen kann, sich zu verbessern.

...

Was passiert jetzt, wenn es einen Krieg gibt? Zwei Bevölkerungen (Summe von Menschen)...

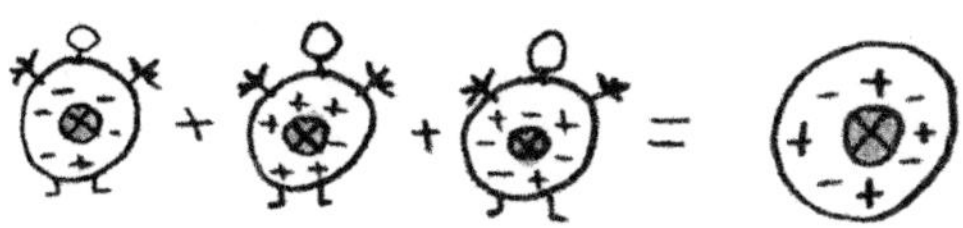

treffen sich, und was sie an Kontakt haben, sind nur schlechte Dinge.

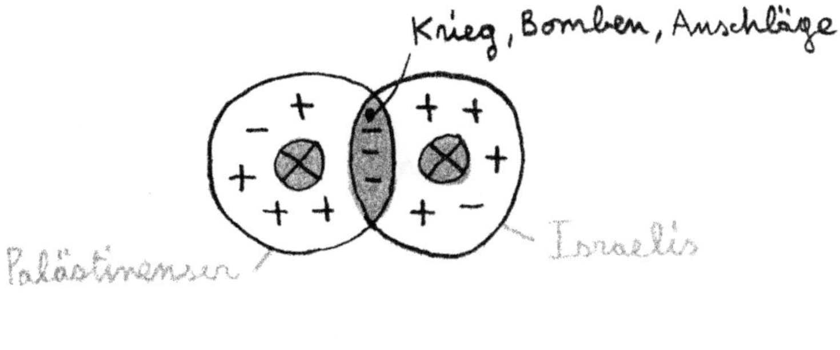

Das heißt:

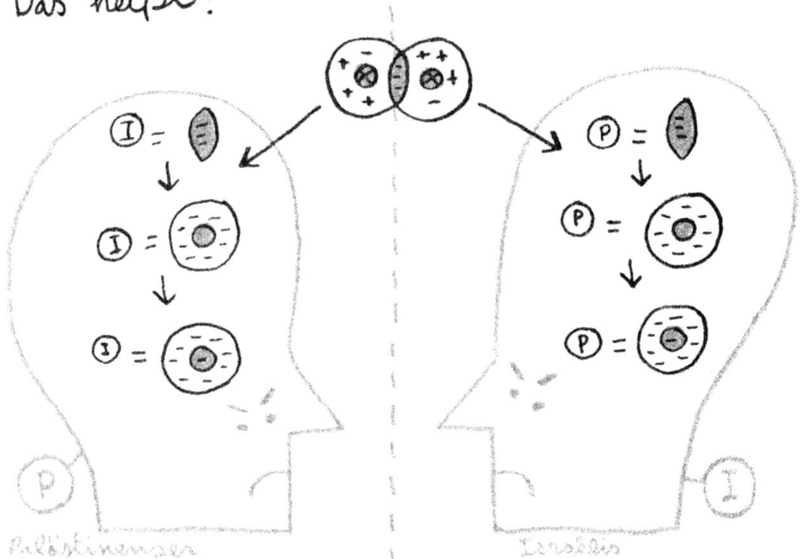

Wenn beide denken, dass sie gegen den Teufel kämpfen, kann der Konflikt noch lange dauern.

Was kann man dagegen tun?

Und was ich mit diesem Buch versuche ist:

Leute überzeugen sich immer bewusst zu sein, dass sie nie alles wissen.

Leute überzeugen, dass die Welt voller Menschen ist, die glücklich sein wollen, und wenn sie dafür böse Sachen machen:

Sie sind nicht grund-satzlich böse.

Sie brauchen Hilfe.

Sie können auf diese Weise nicht dauerhaft glücklich sein.

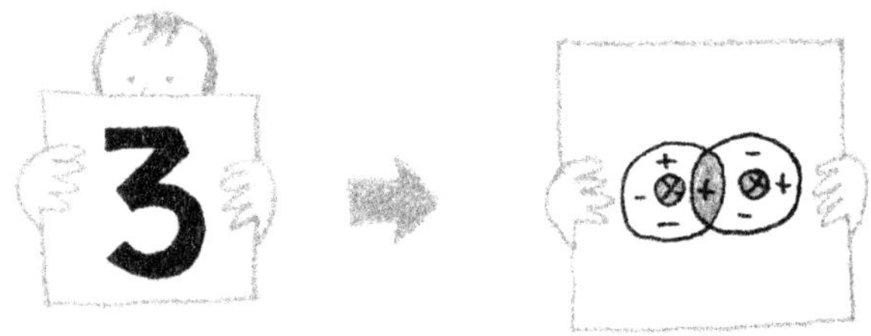

Neue Kontakt-Zonen schaffen, die nicht mit Krieg zu tun haben.

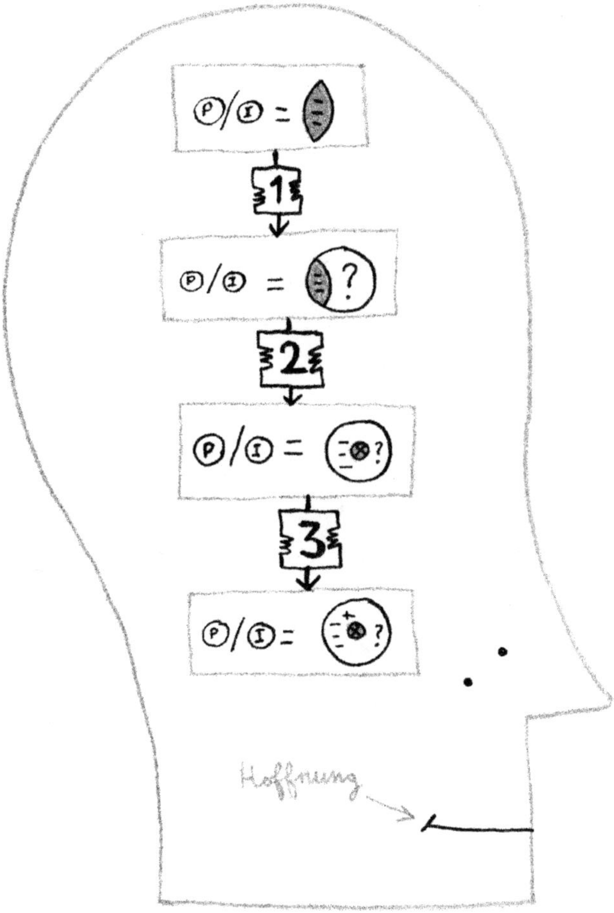
1
2
3
Hoffnung

Hast du Clara angerufen?
Ja aber sie mußte arbeiten. Sie hat gesagt, sie ruft mich morgen an.

Kapitel 8

Ich habe erst das einzige Lied gespielt, dass ich auf arabisch kenne. Dann wollten sie ein anderes und Ich habe das Lied gespielt, das Marcel mir beigebracht hat.

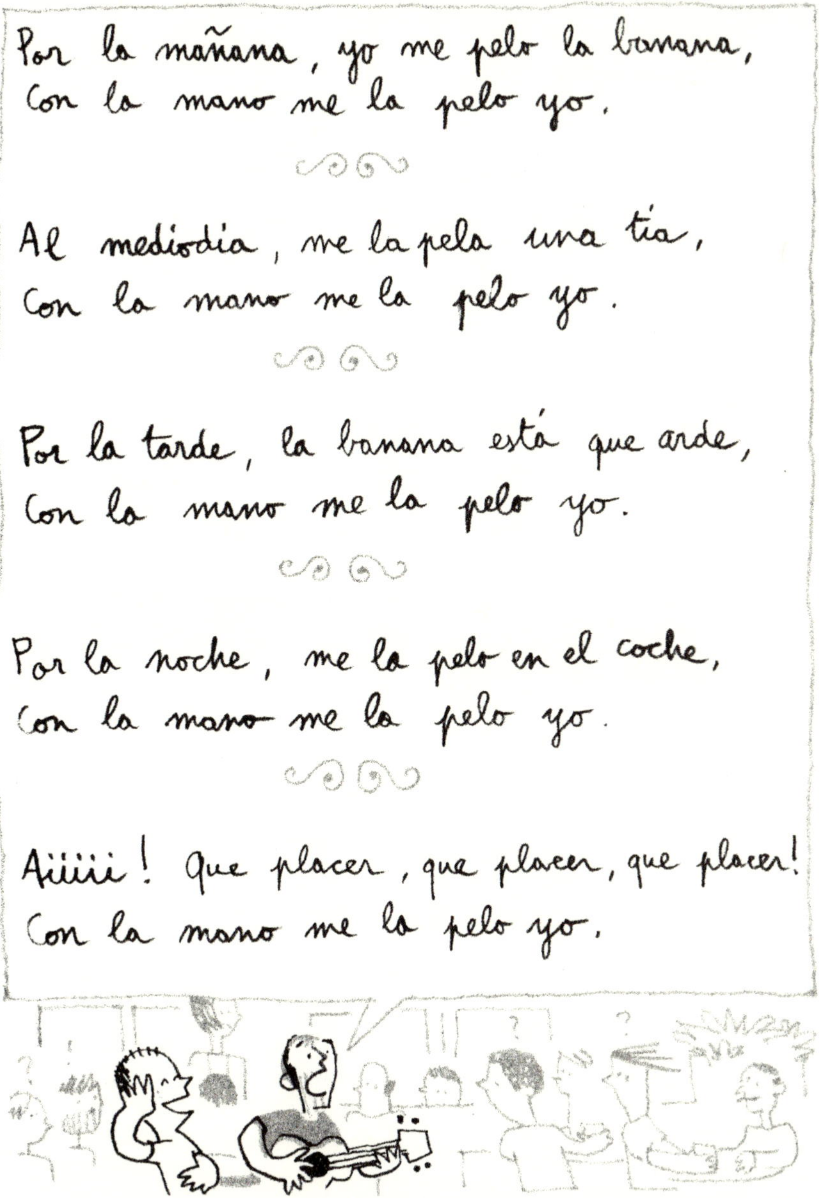
Por la mañana, yo me pelo la banana,
Con la mano me la pelo yo.
Al mediodia, me la pela una tia,
Con la mano me la pelo yo.
Por la tarde, la banana está que arde,
Con la mano me la pelo yo.
Por la noche, me la pelo en el coche,
Con la mano me la pelo yo.
Aiiiii! Que placer, que placer, que placer!
Con la mano me la pelo yo.

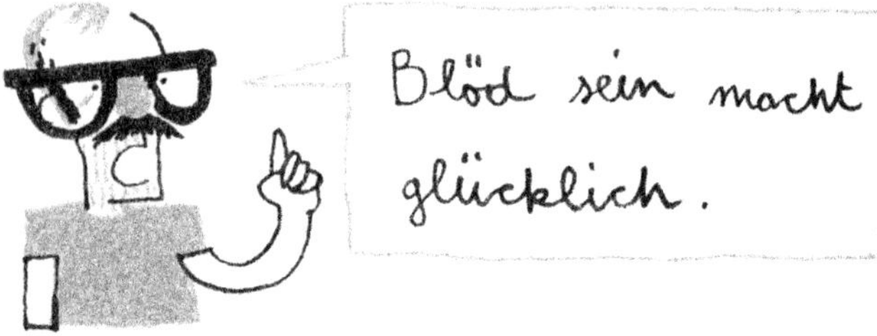

Auf Französisch gibt es ein tolles Wort:

"CON"

"Con" heißt ursprünglich "Vagina", bedeutet meistens "blöd", kann aber sehr nett sein.
In Südfrankreich wird es so häufig benutzt, dass man es mit einem Satzzeichen vergleichen kann.
"Con" sein heißt für mich, alles tun was uns Angst macht, oder was man nicht machen soll.
Damit kann man viel mehr erfahren, und viel mehr lernen.

Viele Erwachsene hören auf zu lernen, weil sie nicht doof erscheinen wollen.

...

Ich bin seit 1999 immer glücklich, weil ich blöd geworden bin, als ich Didier kennengelernt habe.

(Blödsein ist ansteckend.)

1999 trug ich lange T-shirts unter kurzen T-shirts, weil es cool war.

Gleich danach hat mir Didier seine Blödheits-theorie erklärt und mich überzeugt.

...

Fred, mein Verleger, ist auch blöd.
Er macht genau das Gegenteil davon was normale Menschen machen.

...

Blödheit ist nicht genau wie Verrücktheit, aber es gibt Ähnlichkeiten.
Man soll nicht Verrückt sagen sondern "geistig behindert".

Verrückt ist aber kein Schimpfwort.
Es gibt nette und böse Verrückte, genauso wie nette und böse Nicht-Verrückte.

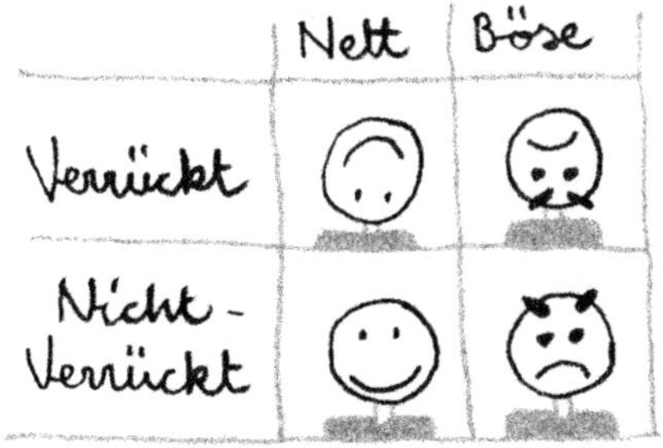

Ich habe angefangen, mich über Autismus zu informieren und habe ganz interessante Sachen gefunden.

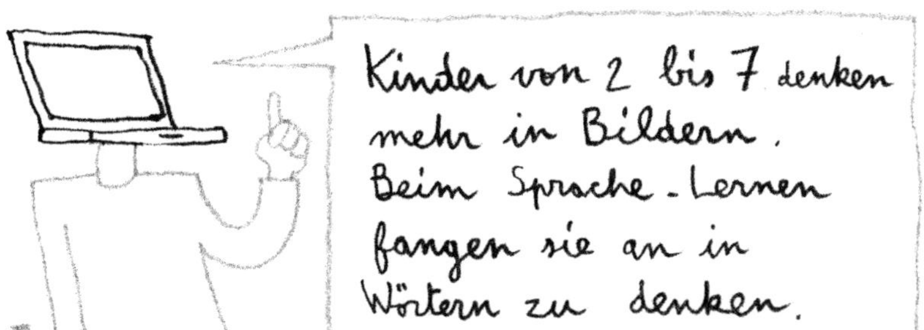

(Wikipedia.
(Wikipedia ist kein richtiger Mensch und man weiß nie, ob dass stimmt was er sagt.)

Einige Autisten haben mit Sprache große Probleme, können aber mit Bildern unglaubliche Sachen machen. Also nicht nur zeichnen, sondern auch denken.

Es gibt Menschen die beides gut können.

Ich bin weder Albert Einstein noch Walt Disney, trotzdem möchte ich gern versuchen, mit Text...

und Bildern

... für den Frieden auf der Welt zu arbeiten.

In der Uni-Bibliothek Beiruts habe ich dieses Buch gefunden:

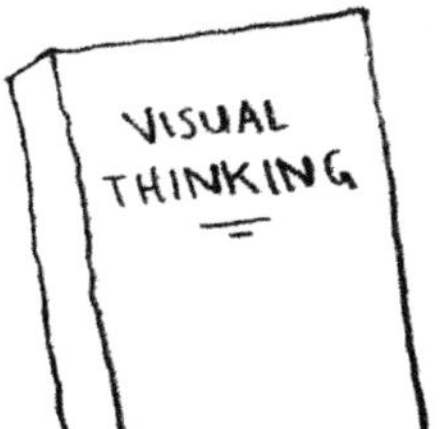

Aber der Autor hat, abgesehen von einigen guten Beispielen, nur Wörter benutzt.

Von Rudolf Arnheim.

Dann habe ich aufgehört zu lesen, weil da zu viele hübsche Studentinnen saßen und ich konnte mich nicht mehr gut konzentrieren.

Kapitel 9

Im Libanon habe ich sehr arme Leute getroffen.

Und auch sehr reiche Leute.

Ich hatte vorher nie so reiche bzw. so arme Leute getroffen.
Ich wollte ungefähr berechnen, wie viel reicher Abbas als mein lieber Man'uschehverkäufer ist, aber es ist so extrem, dass ich aufgegeben habe.

Genauso ist es auf unserer Erde.

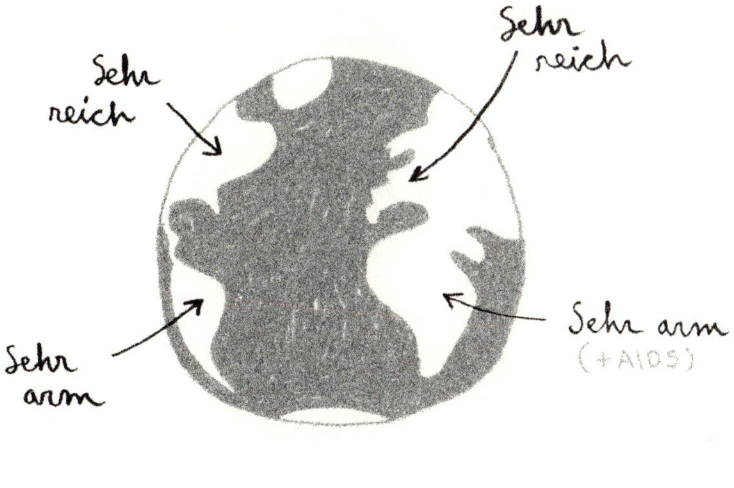

Nur ist dieser Unterschied im Libanon zwei Straßen entfernt von einander zu sehen.

Marcel hat voll Recht.
Und wenn wir Nike Schuhe kaufen, machen wir es genauso.
Aber wir sehen nicht die Fabriken wo Kinder dafür arbeiten.
Weil Taïwan nicht zwei Straßen entfernt von Berlin ist.

Daher ist es nicht so schlimm.

Hast du Clara gesehen?
Nee, sie ist in Jordanien mit ihrer Theatergruppe.

Kapitel 10

Eines Tages, bei Offrejoie...
Il y a un manque TOTAL de coordination entre nous!
Es gibt zwischen uns ÜBERHAUPT keine Kordination!
Nadine
Es ist nicht in das Ohr eines Tauben reingefallen!
Wörtliche Übersetzung eines französischen Ausdrucks.
PC
KLIK KLIK
PC

Nadine hat das lustig gefunden, und ich habe es im Büro aufgehängt. Ich habe mich sehr gefreut: Sich seiner Probleme bewusst sein ist ein wichtiger Schritt auf dem Weg die Probleme zu lösen.

...

Aber eine Woche später hat Nadine mich netterweise gefragt,

ob ich mein Kunstwerk abhängen könnte, weil eine andere N.G.O. kommen würde, die das nicht sehen sollte. Ich war böse und habe es nicht gemacht.
Ich habe nicht verstanden was schlecht daran war, seine Schwächen ehrlich zu zeigen.
Caroline und Rania, die zwei Mitarbeiterinnen, haben es abgehängt und gleichzeitig versucht, mich zu überzeugen, dass es richtig war.

Ich habe viel nachgedacht, und am nächsten Tag habe ich ein Schema mitgebracht.

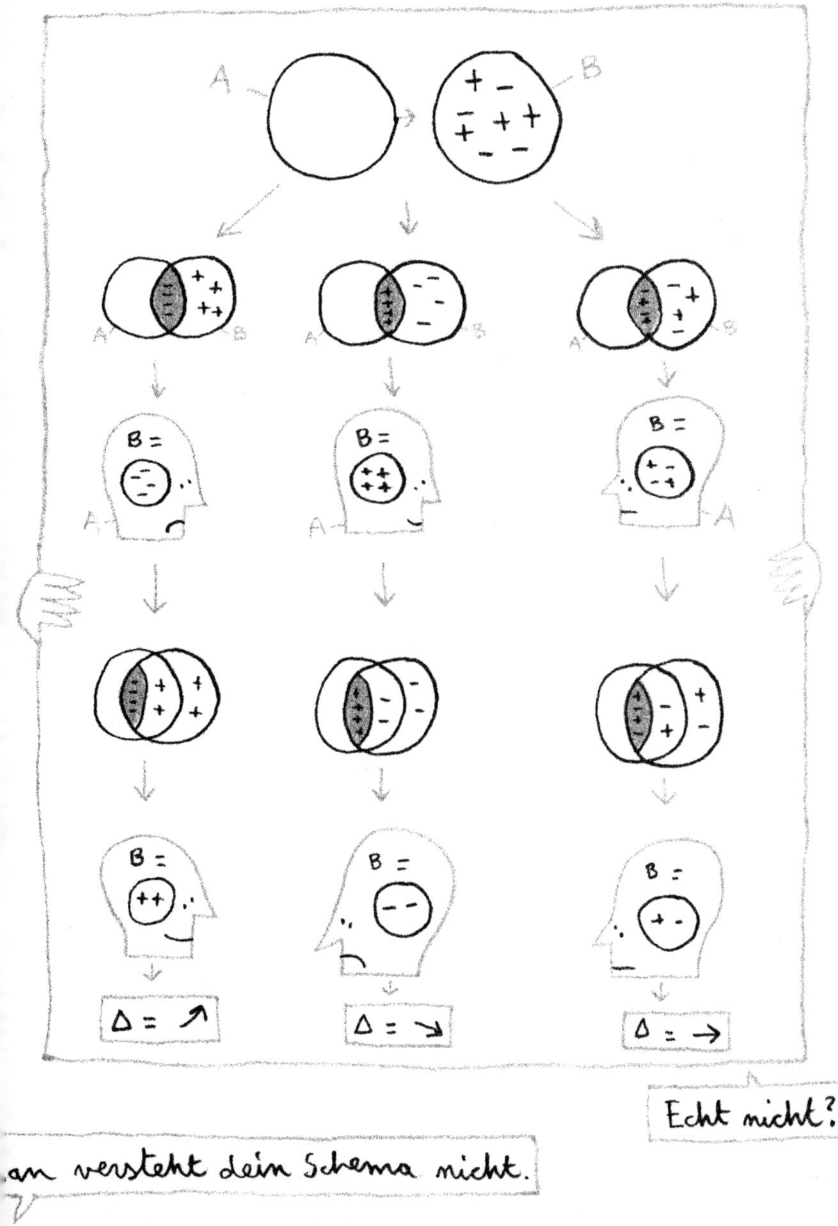

A
B
B =
B =
B =
B =
B =
B =
Δ =
Δ =
Δ =
an versteht dein Schema nicht.
Echt nicht?

A und B kommen zum ersten Mal in Kontakt.

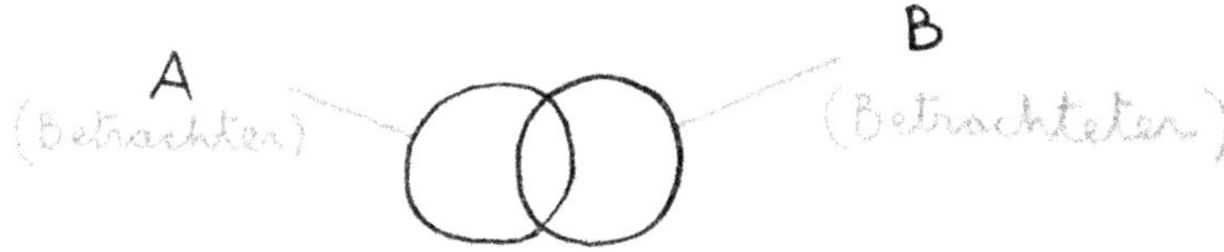

B ist ein normaler Mensch und hat gute und schlechte Seiten.

B kann sein + und − bewegen und sich damit entscheiden, was er von sich in der Kontaktzone zeigen will.

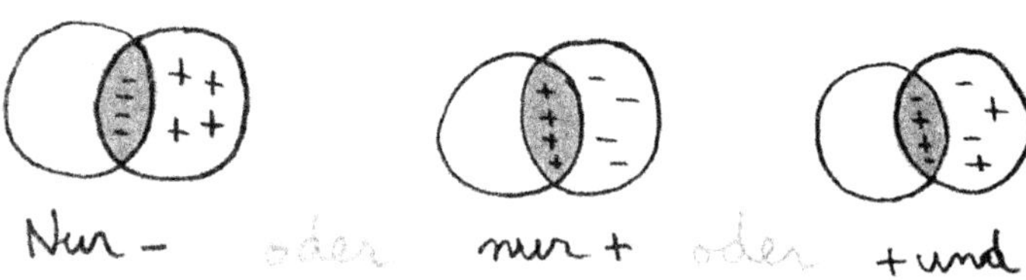

Nur − oder nur + oder + und −

A kriegt von diesem ersten Kontakt einen ersten Eindruck.

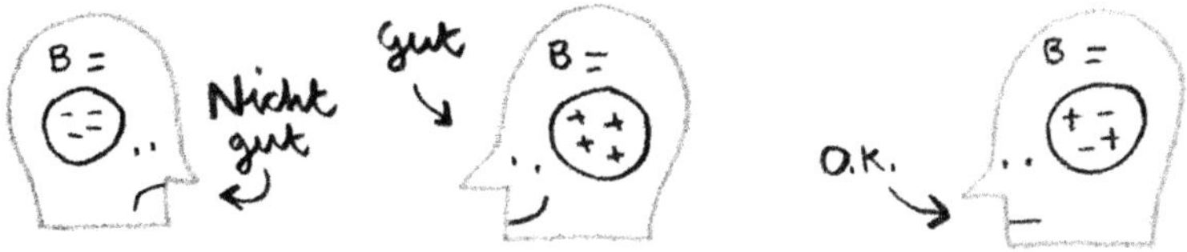

A hat das Kapitel 2 gelesen, weiß dass er nicht alles weiß, und trotz einem schlechten ersten Eindruck möchte B besser kennen lernen ...

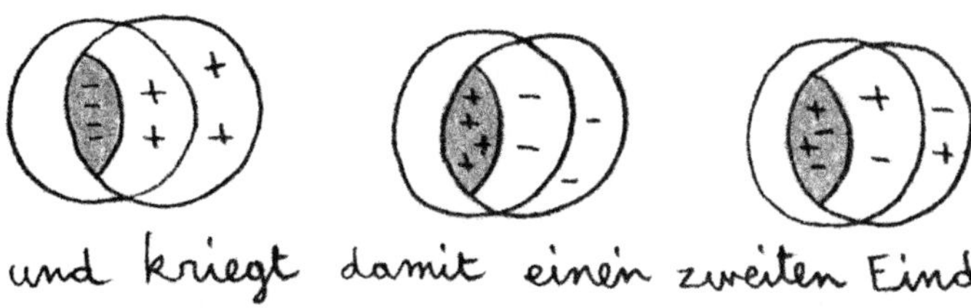

... und kriegt damit einen zweiten Eindruck.

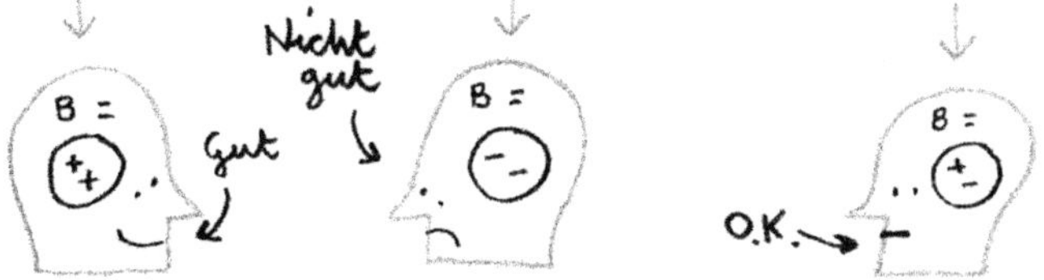

Δ = ↗	Δ = ↘	Δ = →
Die Entwicklung ist positiv, A freut sich, dass er das Kapitel 2 gelesen hat und möchte B noch besser kennen lernen.	Die Entwicklung ist negativ, A ist enttäuscht und fürchtet, dass es immer schlimmer wird.	Die Entwicklung ist stabil. A kann B ruhig weiter kennen lernen.

Zum Schluß:

Das Schema habe ich Caroline gezeigt, und nach vielen Erklärungen und Diskussionen war sie einverstanden.

Aber,
die Gefahr ist immer da, dass A das Kapitel 2 nicht gelesen hat, und falls der erste Kontakt nicht gut ist, B einfach nicht mehr treffen will.

Man möchte glücklich sein, aber seine Schwächen zeigen macht...

kurzfristig

... unglücklich.

Auf der anderen Seite bringt Ehrlichkeit

langfristig

viel mehr Glück.
Diese Fähigkeit langfristig zu denken ist vielleicht der einzige Unterschied, zwischen guten Wegen und schlechten Wegen zum Glücklichsein.

Leute die nie gelernt haben langfristig zu denken, machen, um glücklich zu sein, was möglichst schnell Freude bringt.

Illustriertes Beispiel: Jucken

Fünf Minuten später:

Bemerkenswerterweise (20 Buchstaben), funktioniert diese Kurzlangfristige Theorie nicht nur mit Zeit, sondern auch mit Raum.
Es ist mir eigentlich erst beim Zeichnen aufgefallen, aber das erzähle ich im nächsten Kapitel.

Kapitel 11

Es gibt einen typischen Fehler, den jeder kennt, der Zeichnen gelernt hat.

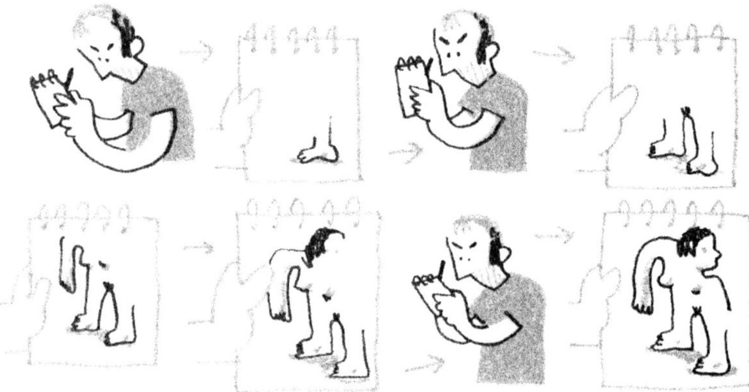

Man konzentriert sich ganz schön auf die Details um etwas realistisch zu zeichnen, vergisst das Modell anzuschauen und verliert den Überblick. Und das Ende stimmt mit dem Anfang des Zeichnens gar nicht mehr überein.

Deshalb gibt es Bücher, mit denen man lernt seine Zeichnungen zu konstruieren.

Mit Hilfe von Grundlinien kann man den Überblick nicht mehr verlieren.

Und da kommt mein Vater und sagt:

Es sieht langweilig aus.
Wie in diesen 9,99 € Bücher mit denen man Zeichnen lernen soll.
Mein Vater. Er sagt es immer, wenn ihm etwas nicht gefällt.
Allerdings...
Aber ohne Konstruktion sieht es alles unförmig aus.
Aber das hat viel mehr Persönlichkeit. Du mußt beides schaffen.
Dann habe ich ohne Konstruktion weiter geübt, bis ich es geschafft habe.

Wenn man regelmäßig das Gesamtbild anschaut und sein Ziel nicht vergisst, braucht man keine Konstruktion.

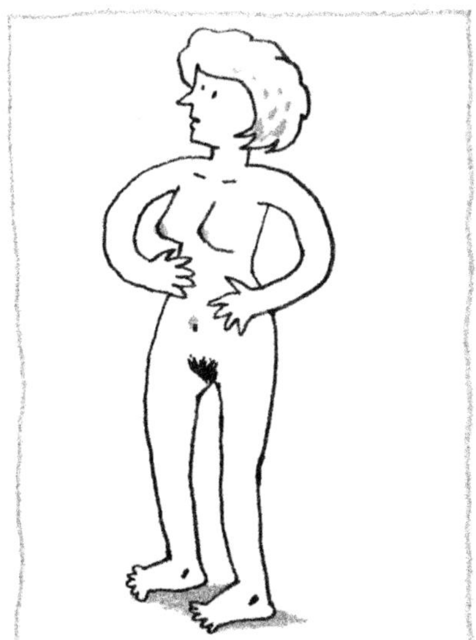

Als Ehud Olmert, israelicher Premier-
minister, im Sommer 2006 der
Hisbollah den Krieg erklärt, weiß
er, dass es seine Probleme nicht
lösen wird …

… aber er kann nicht abwarten ohne
etwas zu machen …

Und im Notfall gibt es keine Zeit zu
konstruieren.

Also dann lieber einen Krieg.

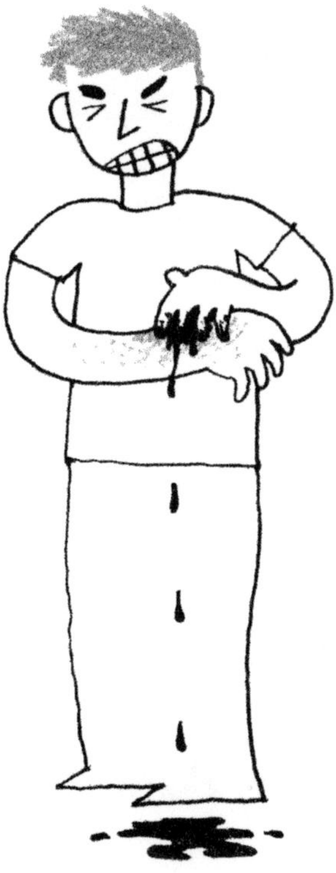

Politiker die kurzfristig denken, gibt es leider überall. Ich habe hier Israel als Beispiel genommen, denn es gibt etwas dass gut zu Kurzfristigdenken passt, das israelische Politiker gern verteidigen und das man nicht kritisieren darf.

Doch ich werde Demokratie kritisieren. Wenn ein mutiger Politiker versucht langfristig Probleme zu lösen, ist er schon bei der nächsten Wahl raus, weil er innerhalb einiger Jahre keine sichtbaren Ergebnisse gezeigt hat. Zum Thema Demokratie gibt es ganz viel zu sagen und bevor ich zu viel Quatsch erzähle, sollte ich erst Platon lesen.

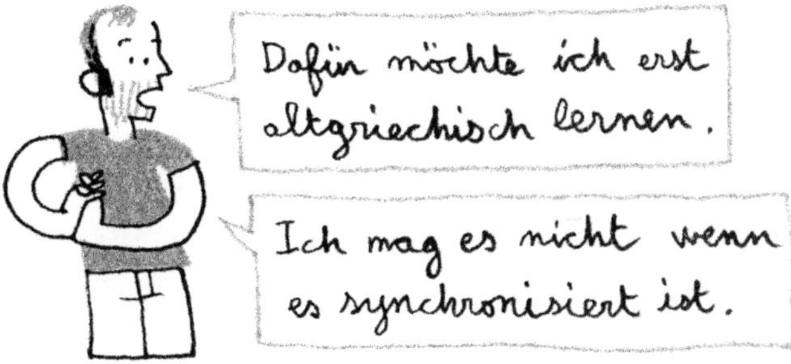

Ich möchte nur sagen dass man Demokratie geschaffen hat um Menschen glücklich zu machen; und Menschen unglücklich machen um Demokratie zu schaffen macht keinen Sinn.

clara

Kapitel 12

Sonntag 20. Mai, Beirut, mein Zimmer
TOC
TOC
Sylvain, Marcel am Telefon.
Hast du gehört?
Nee, was?
Die Explosion!
Was? Wann?
Jetzt gerade! An der ABC, es gibt eine riesige Wolke!
Krass

Der ABC ist ein Shopping-Center,
500 Meter von meiner Wohnung entfernt.
Das Geräusch habe ich wegen meinem
iPod nicht gehört.
Wir haben den Fernseher eingeschaltet.
Man konnte die Krankenwagen gleichzeitig
im Fernsehen und durch das offene
Fenster hören.
Libanesisches Dolby-Surround, sozusagen.

...

Am 21. noch ein Anschlag.
Am 22. nichts.
Am 23. noch ein.

...

Am 22. war es am schlimmsten.
Jeder hat auf einen Anschlag gewartet,
und konnte nicht einschlafen.

Ich habe ein kleines bisschen mitbekommen, was es heißt im Libanon zu leben.

...

Im Libanesischunterricht haben wir neue nützliche Vokabeln gelernt.

Das Leben geht weiter.

....

Es wurde über diese Anschläge viel diskutiert, aber niemand wußte genau was geschehen ist, wer sie gemacht hat und wieso.

Das ist das was ich "verstanden" habe:

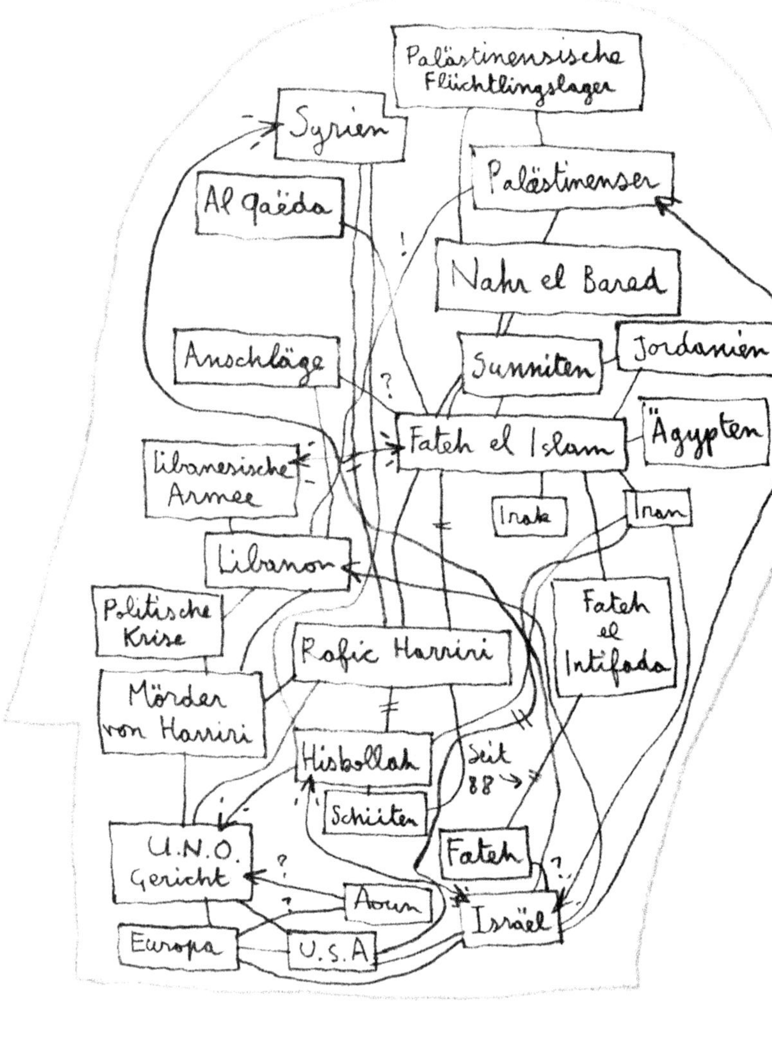

Und das, was ich im westlichen Fernsehen gesehen habe:

(Nah-Ost-fern-sehen)

Das Leben geht weiter...

Marcels Chef fand die Lage zu instabil und hat ihn zurück nach Spanien geschickt.

Kapitel 13

Am 20. Mai vormittags, vor dem ersten Anschlag, sah es im Nord-Libanon nicht gut aus.
In Nahr el Bared fingen Kämpfe zwischen der Fateh el Islam und der libanesischen Armee an.
Der Name "Nahr el Bared" war mir schon bekannt, weil ich eine Woche vorher nicht weit entfernt war, in Beddawi, einem anderen palästinensischen Flüchtlingslager.

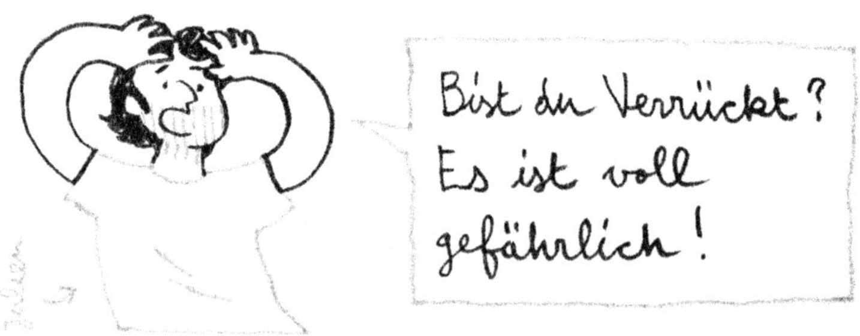

Da sind die ganzen Räuber und Mörder versteckt!
Zaki, von OffreJoie
Hör nicht auf das, was Libanesen sagen. Wenn du da jemanden kennst, ist es nicht gefährlich.
Aude: Französin die u. A. mit OffreJoie arbeitet
Ich kenne jemanden, der in Beddawi arbeitet. Vielleicht kannst du ihn treffen
Ich habe also meine Mini-Gitarre und eine Bus nach Tripoli genommen.

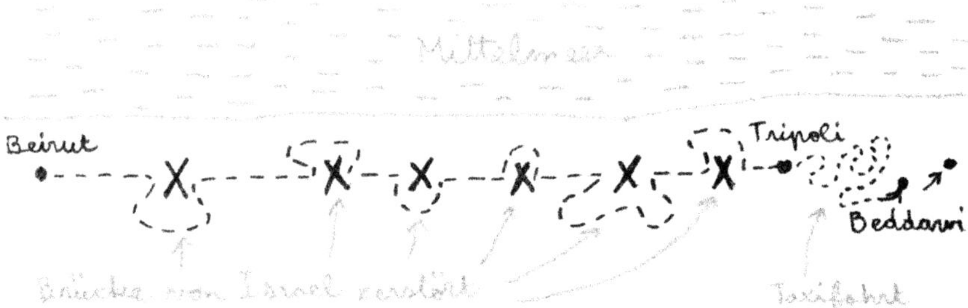

Dort habe ich Khaled getroffen.

Khaled macht verschiedene Aktivitäten mit Kinder: Theater, Tanz, Musik, usw... Die Show war nett aber nicht was mich beeindruckt hat. Nach der Show sind Kinder, wie man auf französisch sagt, "auf mich gesprungen".

Das haben wir gemacht.
Ich bin Ahmed
unsere Willkommen!
Ich bin Samia
Wie heißt du Sie
Spielst du gitarre?
Hallo!
Ich bin 10 Jahre.
Ich
Woher kommst du?
Willkommen!
Hallo!
Guck mal!
Kommst du aus Frankreich?
ich
Wie heißt du?
Hallo!
Das haben wir gemacht
Wie alt bist, du?
Es is
Ich bin Ali.
Willkommen.
Wie heißt du?
Hallo!
Wie alt bist du?
Willkommen!
Ich bin Sophia
Hallo!
Kannst du etwas spielen?
Woher kommst du?
Was kom
Wie heißt du?
Hallo!
Hal
Das sind die Farben Palästinas
Woher kommst du?
Hallo
Hallo!
Das heißt "unser Palästina"
Kommst du aus Frankreich?
Ich heiße
rot und grün
Willkommen!
Hallo!
Spielst du Gitarre?
Woher k
Hallo!
Sprichst du arabisch?
alt bist du?
Woher kommst du?
Hallo!
Ich bin 8 Jahre alt.
Mein Onkel

Noch einmal in der

Originalversion:

شو إسمك ؟
أنت من وين؟
مرحبا !
إسمك؟
أهلا و سهلا !
مرحبا !
مرحبا !
شو إسمك ؟
كيفك؟
أنت من وين؟
أنا من طرابلس
مرحبا !
كيفك
شو إسمك ؟
شو إسمك ؟
Bonjour !
أدي عمرك؟
Tu parles Arabe ?
أنت من فرنسا ؟
أنا إسمي سليم
مرحبا
أدي عمرك؟
أهلا و سهلا
مرحبا !
شو إسمك؟
je parle un peu français !
أنا
أدي عمرك ؟
من وين أنت؟
مرحبا !
أهلا و سهلا !
يعني "فلسطين"
شو إسمك؟
أهلا و سهلا !
مرحبا !
بتحكي عربي ؟
شو إسمك؟
أنا إسمي وليد
مرحبا !
من وين ؟
je m'appelle Amir
شو بتعمل
مرحبا !
بتحكي عربي ؟
شو إسمك ؟
أنا من
أنت من فرنسا ؟
شو إسمك ؟
ألمانيا؟
أدي عمرك
أنا إسمي خالد.
مرحبا

Wir haben Musik gespielt, gelacht
gesungen, gequatscht.
Sie haben mir alles gezeigt, was sie
gemacht haben; haben mit viel
Geduld langsam arabisch gesprochen,
so dass ich es verstehen konnte.

...

In Berlin arbeite ich auch
mit Kindern.
Sie sind auch sehr nett.
Aber wenn sie auf eine Frage
antworten müssen, schauen sie
ihre Mama an um zu wissen,
ob sie antworten dürfen.

...

In Beddawi war es anders.

. . .

Ich habe also 27 Jahre gewartet um so viel positive Energie zu sehen.

. . .

Und das war in einem palästinensischen Flüchtlingslager im Libanon.

. . .

Und das hatte ich nicht erwartet.

فلسطين

Kapitel 14

nichts

Die zwei nächsten Tage habe ich
nicht arbeiten können.

. . .

Das Lächeln dieser Kindern ging mir
nicht mehr aus dem Kopf.
Sie hatten mir ihre positive Energie
weiter geben können.
Ich wollte damit etwas machen,
bevor sie langsam verschwindet.

An diesem Tag habe ich mir
versprochen etwas für diese
Kinder zu tun.

Hallo Khaled?
Ich möchte mit dir Projekte machen. Wann hast du Zeit für ~~einen Bier~~ einen Kaffee?
Jetzt geht's los

zuerst möchte ich der Welt zeigen, dass ein palästinensisches Kind nicht unbedingt so ist:

Probiert mal bitte "Palestinian kid" in Google Bilder einzugeben und schaut euch an, was da rauskommt.

Damit möchte ich der Menschheit Lust machen, ein Problem zu lösen, das seit 1948 nicht gelöst wurde.

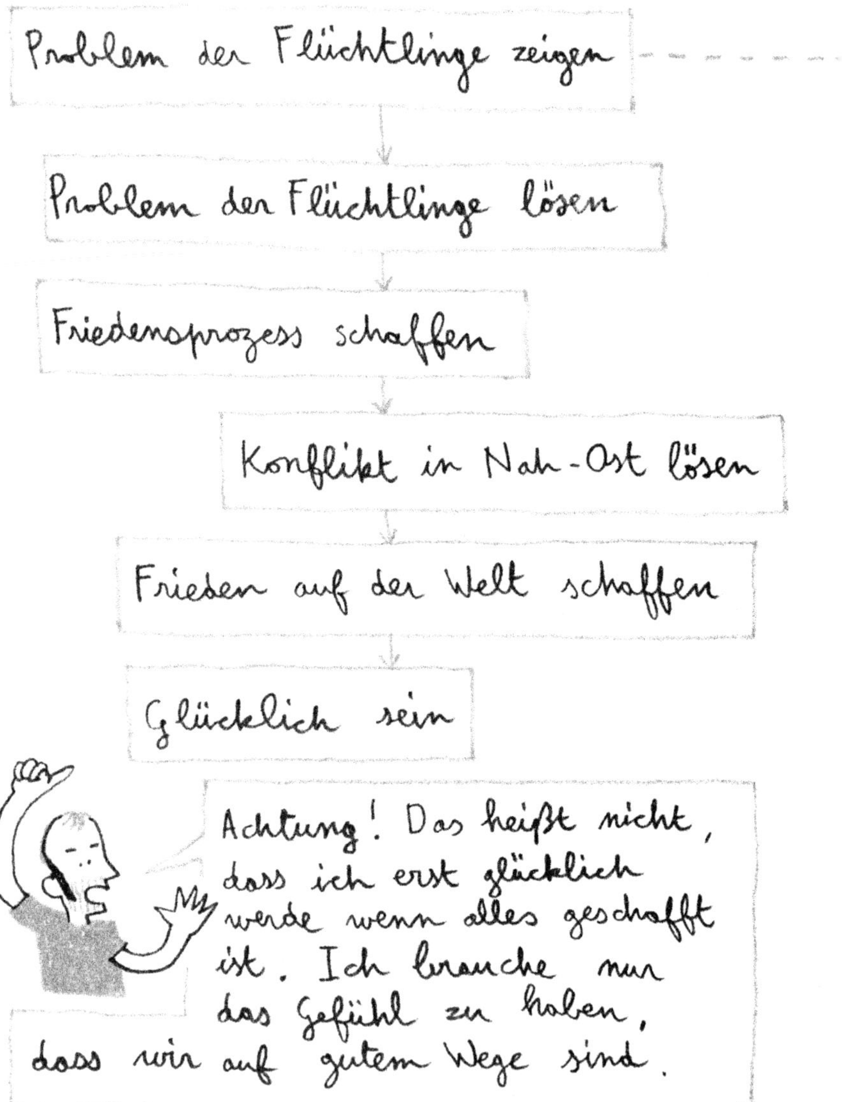
Problem der Flüchtlinge zeigen
Problem der Flüchtlinge lösen
Friedensprozess schaffen
Konflikt in Nah-Ost lösen
Frieden auf der Welt schaffen
Glücklich sein
Achtung! Das heißt nicht, dass ich erst glücklich werde wenn alles geschafft ist. Ich brauche nur das Gefühl zu haben, dass wir auf gutem Wege sind.

Und dazu das Schema vom Kapitel 6 hinzufügen:

Aufmerksamkeit kriegen

↓

Aufmerksamkeit behalten

↓

Botschaft schaffen, also
Problem der Flüchtlinge zeigen

In der Tat möchte ich, wie Saïd und Barenboïm, schöne kulturelle Projekte machen.
Aber wenn ich die Aufmerksamkeit der ganzen Welt kriegen will, brauche ich noch etwas dazu.

Das ist kein Witz.

Wenn wir zum Beispiel eine Blechmusikkapelle mit palastinensischen Kindern gründen, mit der wir Covers von Britney Spears spielen, können wir,

55 Buchstaben

Eine Britneyspearscoverblechmusikkapelle ist nur die erste Idee und es kann etwas anderes werden.

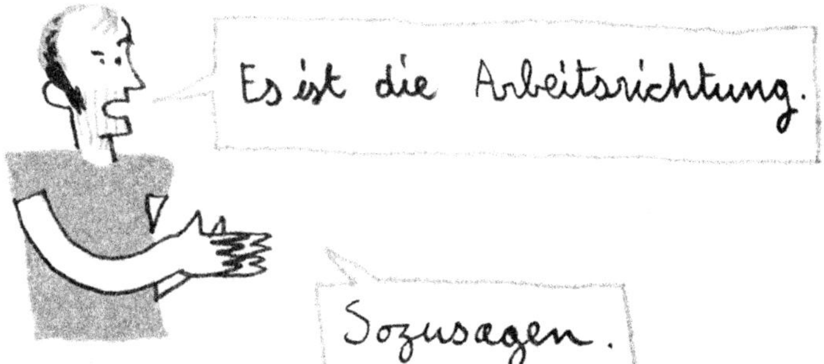

Aber wir sind noch nicht so weit. Das Projekt soll erst im Sommer 2009 anfangen.

Und wenn ich meine Diplomarbeit schaffen will, muss ich irgendwann aufhören zu schreiben.

Und?
Hast du eine Frau gefunden?

Kapitel 15

Ihr wollt bestimmt wissen, was mit Clara passiert ist.

Ich habe sie in ihrem Theaterstück gesehen. Sie war, wie beim ersten Treffen, wirklich lieb zu mir.
Sie hat erklärt, dass sie auf ihrem Handy kein Guthaben hatte, dann war ihr Display kaputt, dann war sie mit ihrer Familie und so weiter und so fort.
Sie hat gesagt, dass sie mich nochmal anrufen würde, jetzt da sie wieder Zeit hat...

... was sie nie gemacht hat.
Dann habe ich mich an etwas erinnert, was Abbas einmal erzählt hat.
Ich bin einmal nach einer lange Reise in Belgien angekommen. Ich hatte riesigen Hunger und wir waren bei Freunden eingeladen.

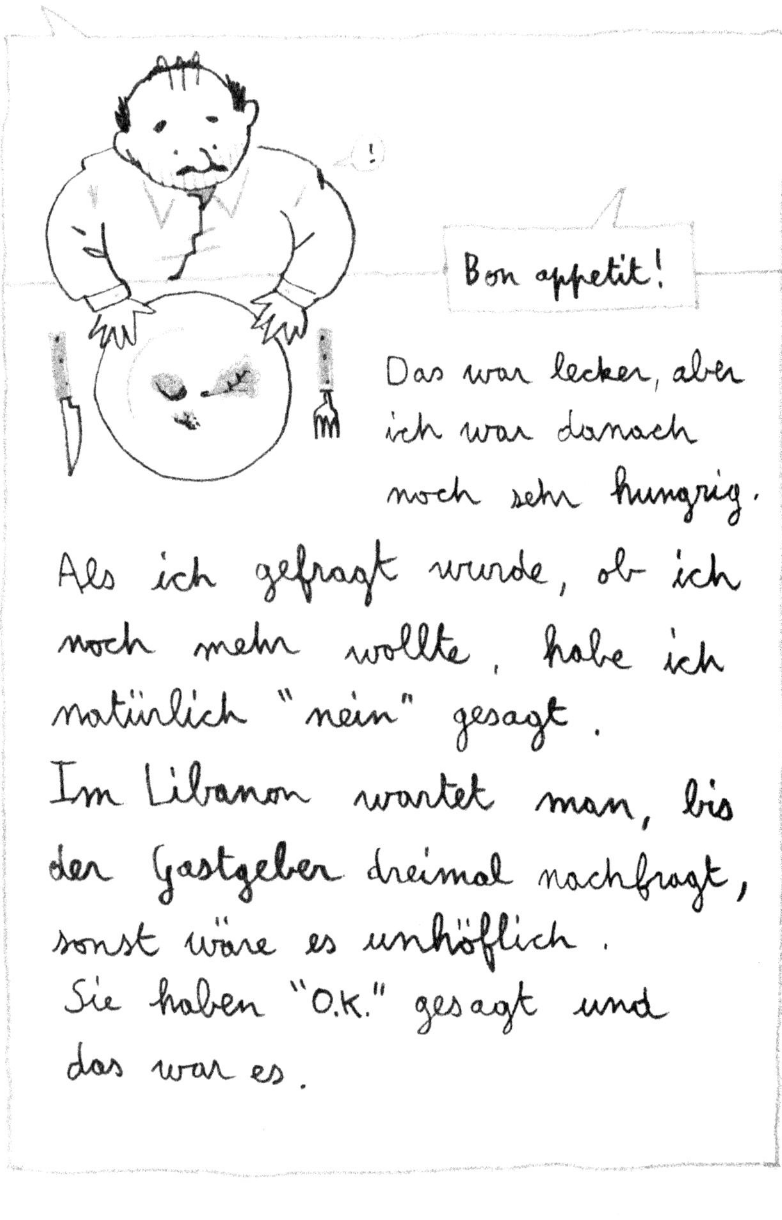
!
Bon appetit!
Das war lecker, aber ich war danach noch sehr hungrig.
Als ich gefragt wurde, ob ich noch mehr wollte, habe ich natürlich "nein" gesagt.
Im Libanon wartet man, bis der Gastgeber dreimal nachfragt, sonst wäre es unhöflich.
Sie haben "O.K." gesagt und das war es.

Der Zusammenhang?
Entweder hat Clara auch erwartet, dass ich bei jedem Anruf dreimal um ein Treffen mit ihr bitten würde oder ich weiss es nicht.

…

Das was mir mit Clara passierte, ist übrigens mit Ghida und Yasmin ähnlich gewesen.

Jedenfalls habe ich im Libanon keine Frau gefunden und bin immer noch allein ~~und meine Handynummer lautet 0176 23 5~~

Ich möchte mich jetzt ganz herzlich für eure Aufmerksamkeit bedanken.
Ich freue mich schon, im nächsten Band, meine Abenteuer und Überlegungen weiter erzählen zu dürfen.

Und hoffe vor allem, dass ihr jetzt genauso überzeugt seid wie ich, dass die Welt besser ~~werden kann~~ wird.

Sylvain Mazas

بدي إشرب بيرة كبيرة